# Inteligência Artificial (IA) nas Redes de Fast Food

## Conceitos e Ações Práticas

R. Brissi

## AGRADECIMENTO

À minha querida esposa Sara, minha eterna parceira e fonte inesgotável de inspiração. Sua presença ao meu lado não só me fortalece, mas também enriquece tudo o que faço. Cada palavra deste livro foi moldada com o seu incentivo constante, seus insights brilhantes e suas revisões minuciosas, que tornaram este projeto mais completo e significativo. Agradeço profundamente por todo o apoio, paciência e dedicação que você sempre demonstra. Sua participação foi fundamental para que este livro atingisse seu verdadeiro potencial. Sou imensamente grato por termos compartilhado mais essa realização juntos.

# Sumário

Agradecimento .......................................................................... 2

Introdução ................................................................................ 4

Capítulo 1 | O Potencial da IA nas Redes de Fast Food ................. 7

Capítulo 2 | Automação do Atendimento ao Cliente ................. 12

Capítulo 3 | Personalização e Marketing Inteligente ................. 17

Capítulo 4 | Gestão de Estoques e Previsão de Demanda ........... 23

Capítulo 5 | Logística Automatizada e Otimização de Entregas .. 29

Capítulo 6 | Gestão de Equipes e Recursos Humanos ................. 36

Capítulo 7 | Escalabilidade com Sistemas Automatizados .......... 43

Capítulo 8 | Integração Multicanal: IA em Apps, Websites e Pontos Físicos ..................................................................................... 50

Capítulo 9 | Comunicação Eficiente entre Franqueador e Franqueados ........................................................................... 57

Capítulo 10 | Treinamento e Reciclagem de Franqueados .......... 64

Capítulo 11 | Avaliação de Performance da Unidade Franqueada e do Franqueado ......................................................................... 71

Capítulo 12 | O Caminho Para o Compromisso Ambiental, Social e de Governança - ESG ................................................................ 78

Capítulo 13 | Avaliação e Monitoramento Contínuo ................. 86

Capítulo 14 | Desafios e Considerações para Implementar IA nas Redes de Fast Food .................................................................. 93

Capítulo 15 | Futuro da IA nas Redes de Fast Food ................... 101

Considerações Finais do Autor ................................................ 104

Glossário ................................................................................ 108

## Introdução

A implementação de Inteligência Artificial (IA) nas franquias de Fast Food atende a uma demanda crescente por soluções que permitam a escalabilidade e a padronização de operações.

Com o aumento da competitividade no setor de franquias e a alta rotatividade de mão de obra, torna-se cada vez mais evidente a necessidade de adotar tecnologias de ponta para garantir a sustentabilidade e o crescimento das redes. Além disso, tanto franqueadores quanto franqueados enfrentam um grande desafio na contratação de profissionais qualificados e não qualificados. Segundo a Pesquisa Anual de Franqueadores, realizada em 2024 pela International Franchise Association (IFA), 80% dos franqueadores relataram dificuldades em preencher vagas em suas unidades, o que agrava ainda mais a necessidade de soluções tecnológicas como a Inteligência Artificial (IA), que automatizem processos e reduzam a dependência de mão de obra humana.

As redes de franquias enfrentam o desafio de manter a consistência da marca em todas as unidades, o que é essencial para atrair novos clientes e franqueados. Isso inclui a padronização de materiais promocionais, logotipos, imagens e temas para garantir que a identidade da marca permaneça forte e reconhecível em qualquer mercado. Além disso, as redes devem lidar com altos custos operacionais, já que marcas de franquias nacionais geralmente apresentam taxas iniciais, franquias e royalties, mais elevados em comparação com marcas regionais.

Outro desafio constante é a adaptação às mudanças da indústria. O cenário empresarial está em constante evolução, e as franquias precisam estar prontas para se adaptar às mudanças nas preferências dos consumidores, às novas regulamentações e às inovações tecnológicas. A IA, nesse contexto, não é apenas uma ferramenta estratégica, mas uma necessidade para redes que buscam eficiência, flexibilidade e competitividade.

Construir relacionamentos sólidos entre franqueadores e franqueados também é crucial para o sucesso a longo prazo de uma franquia. Relações fortes e bem geridas podem determinar a capacidade de uma rede de franquias de prosperar e expandir, ao passo que relacionamentos frágeis podem prejudicar a operação como um todo. No entanto, esses relacionamentos podem ser prejudicados por problemas de conformidade, que, se não forem resolvidos, podem levar a multas, litígios e até mesmo problemas mais graves, como acidentes ou a interrupção do negócio.

Outro fator importante a ser considerado é o nível de competência digital dos franqueados. Na era digital, franqueados possuem diferentes graus de proficiência tecnológica, o que pode dificultar a implementação de sistemas mais avançados, como a IA, de maneira uniforme. Para resolver essa questão, é fundamental construir uma infraestrutura sólida, com sistemas e procedimentos padronizados e suporte contínuo, permitindo que até franqueados com menos experiência em tecnologia possam operar eficientemente.

Além disso, a comunicação eficaz é indispensável tanto no relacionamento com os clientes quanto na gestão de equipes dentro da franquia. Franqueados precisam de ferramentas adequadas para se comunicarem de maneira eficiente com todas as partes envolvidas, e é aí que a IA pode facilitar fluxos de comunicação, automatizando processos e integrando sistemas.

Empreendedores e profissionais do setor estão cada vez mais em busca de conteúdo prático que mostre como aplicar IA em seus negócios, não apenas de forma conceitual, mas com soluções concretas que possam ser implementadas. Este livro se posiciona como uma verdadeira consultoria, oferecendo uma abordagem completa e prática sobre a implementação de IA nas redes de franquia. Cada capítulo é estruturado para não apenas explicar os conceitos, mas também guiar o leitor por ações práticas, detalhando como cada etapa da automação pode ser aplicada ao seu negócio.

Ao longo dos capítulos, você descobrirá exemplos reais e estratégias práticas que podem ser aplicadas imediatamente, transformando teoria em ação. Cada página trará insights valiosos para revolucionar sua abordagem e potencializar o sucesso da sua rede de franquias. Prepare-se para explorar o poder da IA e levar seu negócio a um novo patamar de eficiência e inovação!

## CAPÍTULO 1 | O POTENCIAL DA IA NAS REDES DE FAST FOOD

A **Inteligência Artificial (IA)** está transformando rapidamente o setor de fast food, um dos mercados mais competitivos e dinâmicos da economia global. As redes de fast food, que tradicionalmente dependem de processos manuais e repetitivos para atender ao grande volume de clientes, estão abraçando a tecnologia para otimizar operações, melhorar a experiência do cliente e aumentar sua eficiência operacional. O potencial da IA nesse setor é imenso, abrangendo desde a automação do atendimento ao cliente até a gestão inteligente de inventários, marketing e logística.

Uma das maiores vantagens da IA para as redes de fast food é a **capacidade de automatizar processos** que antes exigiam grande envolvimento humano. Sistemas de **reconhecimento de voz**, por exemplo, estão sendo cada vez mais utilizados em drive-thrus, possibilitando que os pedidos sejam feitos de maneira rápida e precisa. Esses sistemas são treinados para entender variações linguísticas e ruídos de fundo, oferecendo um serviço eficiente mesmo nos momentos de maior movimento. Com isso, as redes de fast food podem aumentar o número de clientes atendidos por hora, garantindo um serviço mais ágil e reduzindo filas, o que é essencial para o sucesso nesse setor.

A automação também se estende para **quiosques de autoatendimento**, que utilizam assistentes virtuais e interfaces interativas para permitir que os clientes façam seus pedidos de maneira independente. Esses quiosques, equipados com IA, são capazes de personalizar a experiência com base no histórico de compras do cliente e em preferências previamente registradas. Ao coletar e processar esses dados, a IA pode sugerir combinações de produtos e promoções que aumentam o valor do ticket médio, tudo de forma automatizada. Isso não só melhora a experiência do cliente, que se sente valorizado e atendido de forma personalizada, como também aumenta a lucratividade da operação.

Além do atendimento ao cliente, a IA também exerce um papel crucial na **gestão de inventários e previsão de demanda**. Historicamente, as redes de fast food enfrentam desafios relacionados ao controle de estoque, como a previsão de flutuações na demanda e o gerenciamento de produtos perecíveis. Com o uso de **machine learning**, algoritmos de IA conseguem analisar dados históricos de vendas, sazonalidade e até mesmo variáveis externas, como clima e eventos locais, para prever com precisão a demanda futura. Isso permite que as redes ajustem seus pedidos e estoques de forma mais eficiente, evitando desperdícios e garantindo que os ingredientes certos estejam sempre disponíveis no momento certo.

A capacidade da IA de prever e ajustar a demanda não apenas otimiza o estoque, mas também gera economias significativas para as redes de fast food. Com uma gestão de inventário mais precisa, é possível reduzir o desperdício de alimentos e minimizar custos associados ao armazenamento de produtos em excesso. Isso, por sua vez, melhora a eficiência operacional e permite que as redes alavanquem margens de lucro mais saudáveis, mantendo a sustentabilidade em longo prazo. A IA, portanto, não é apenas uma ferramenta de otimização, mas uma peça essencial para o crescimento e a escalabilidade das redes de fast food.

Outro ponto onde a IA mostra todo o seu potencial é no **marketing personalizado**. Ao coletar e analisar dados de clientes, a IA consegue identificar padrões e preferências, segmentando o público de maneira precisa. Isso permite que as redes de fast food criem campanhas de marketing altamente direcionadas, que falam diretamente aos interesses e necessidades dos clientes. Por exemplo, se um cliente frequenta determinada unidade em horários específicos, a IA pode enviar promoções e notificações personalizadas pouco antes desse horário, aumentando as chances de conversão e melhorando o engajamento com a marca.

Além disso, a **análise preditiva** é uma ferramenta poderosa para ajustar campanhas em tempo real. Com base em variáveis como clima, comportamento de compra e eventos locais, a IA ajusta automaticamente as ofertas e promoções, garantindo que elas estejam sempre alinhadas às circunstâncias do momento. Isso é particularmente útil em datas comemorativas ou eventos esportivos, quando a demanda por determinados produtos aumenta consideravelmente. Com a IA, as redes de fast food podem se preparar com antecedência para esses picos, garantindo que a operação funcione sem falhas e que as vendas sejam maximizadas.

A **logística**, por sua vez, é outro aspecto crucial para o sucesso das redes de fast food que se beneficia enormemente da IA. A cadeia de suprimentos, que inclui desde o abastecimento de ingredientes frescos até a entrega de produtos acabados, precisa ser precisa e eficiente para que as operações sejam sustentáveis. A IA é capaz de automatizar e otimizar rotas de entrega, levando em consideração fatores como tráfego em tempo real, condições climáticas e proximidade das unidades. Com algoritmos avançados, a IA ajusta automaticamente essas rotas para garantir que os produtos cheguem no tempo certo e da maneira mais eficiente, reduzindo custos logísticos e garantindo que a operação funcione sem interrupções.

Além da eficiência logística, a IA também é capaz de identificar **problemas operacionais antes que eles se tornem críticos**. Com o monitoramento em tempo real das operações, a IA pode detectar anomalias no desempenho de equipamentos ou na eficiência de processos, alertando os gerentes para que intervenções sejam realizadas rapidamente. Por exemplo, se um sistema de refrigeração está prestes a falhar, a IA pode enviar um alerta preventivo para que a manutenção seja realizada antes que a falha afete os estoques ou interrompa as operações. Essa abordagem proativa não apenas minimiza interrupções, mas também reduz custos de manutenção ao evitar problemas mais complexos e dispendiosos.

O potencial da IA nas redes de fast food é vasto e impacta praticamente todos os aspectos das operações. Desde a **automação do atendimento ao cliente** e a **gestão de inventários** até o **marketing inteligente** e a **logística otimizada**, a IA permite que essas redes operem de maneira mais ágil, eficiente e rentável. A capacidade de personalizar o atendimento, prever demandas e ajustar operações em tempo real transforma a forma como as redes de fast food funcionam, criando um modelo de negócio mais flexível e preparado para o futuro. A adoção dessas tecnologias não é apenas uma vantagem competitiva; é uma necessidade para aquelas redes que desejam expandir e se adaptar a um mercado em constante evolução.

À medida que avançamos neste livro, exploraremos em detalhes cada uma dessas áreas, oferecendo insights sobre como a IA pode ser implementada de forma prática e eficaz, maximizando os benefícios e preparando as redes de fast food para um futuro de crescimento e inovação contínua.

## AÇÃO PRÁTICA

Para começar a explorar o potencial da IA em sua rede de fast food, o primeiro passo é realizar um mapeamento detalhado das operações atuais. Avalie cada etapa do processo, desde o atendimento ao cliente até a logística, para identificar áreas que poderiam ser automatizadas ou otimizadas com a IA. Considere aspectos como frequência de tarefas repetitivas, tempo de execução e custos envolvidos. A partir dessa análise, identifique quais processos poderiam se beneficiar de uma automação inteligente, como a implementação de **chatbots inteligentes que utilizem Processamento de Linguagem Natural (PLN)** para atendimento, sistemas de previsão de demanda para controle de estoque ou algoritmos de otimização para logística. Esse mapeamento inicial será a base para implementar soluções eficazes de IA nos próximos passos.

Atualmente, há várias ferramentas de chatbot no mercado que oferecem funcionalidades avançadas e integração fácil com sistemas de CRM e ERP. Chatbots como o Ada, Drift, Intercom, ManyChat e Chatfuel são exemplos que podem ser utilizados para redes de fast food, cada um com suas características específicas. Configure esses chatbots para oferecer um atendimento inicial automatizado e eficiente, mas sempre garantindo uma transição suave para um atendente humano, caso o cliente precise de assistência mais detalhada.

# Capítulo 2 | Automação do Atendimento ao Cliente

O atendimento ao cliente é uma das áreas mais críticas para o sucesso das redes de fast food. A velocidade, a precisão e a eficiência com que os pedidos são processados podem fazer a diferença na experiência do cliente e, consequentemente, no desempenho da franquia. Neste contexto, a **Inteligência Artificial (IA)** emerge como uma solução poderosa para automatizar e otimizar o atendimento, garantindo que as redes de fast food possam lidar com volumes crescentes de clientes de maneira eficiente e personalizada, independentemente do canal de interação.

Com a popularização dos **quiosques de autoatendimento** e dos **assistentes virtuais**, as redes de fast food estão redesenhando suas operações para incorporar tecnologia de ponta. Esses quiosques, equipados com sistemas de IA, permitem que os clientes façam seus pedidos de forma autônoma e rápida, sem a necessidade de interação direta com funcionários. A IA é responsável por garantir que a interface seja intuitiva e personalizada, registrando preferências anteriores do cliente para sugerir itens adicionais ou promoções específicas, aumentando o ticket médio e a satisfação do consumidor. Com essa abordagem, o processo se torna mais ágil e eficiente, especialmente em horários de pico, quando as filas tendem a ser mais longas.

A tecnologia de reconhecimento de voz também desempenha um papel crucial, particularmente nos drive-thrus, onde a agilidade é essencial. Sistemas avançados de IA são treinados para interpretar comandos verbais de clientes, mesmo em ambientes com ruídos externos ou sotaques variados. Esses sistemas são projetados para compreender rapidamente o pedido e processá-lo com alta precisão, reduzindo significativamente o tempo de espera. Isso elimina a necessidade de interação humana direta em muitas dessas transações, o que não apenas otimiza o tempo de atendimento, mas também minimiza os erros comuns causados por mal-entendidos entre atendentes e clientes.

Além disso, câmeras posicionadas nas faixas de drive-thru podem capturar imagens das placas dos carros. A IA, utilizando esses dados, pode recomendar itens com base em pedidos anteriores dos clientes, melhorando o upselling e reduzindo ainda mais o tempo de pedido. Com essa integração, as redes de fast food podem personalizar as sugestões de forma eficiente, otimizando tanto a experiência do cliente quanto o desempenho das operações.

A automação do atendimento ao cliente com IA não se limita aos quiosques ou drive-thrus. As redes de fast food também estão investindo em **assistentes virtuais e chatbots** que operam em aplicativos móveis e websites, proporcionando uma experiência multicanal e consistente. Esses assistentes virtuais são programados com **Processamento de Linguagem Natural (PLN)**, o que lhes permite interpretar perguntas e solicitações dos clientes de maneira precisa, como se estivessem conversando com um atendente humano. Desde responder a perguntas frequentes, como horário de funcionamento e informações nutricionais, até facilitar pedidos e pagamentos, esses sistemas automatizados são projetados para oferecer um suporte completo e eficiente, disponível 24 horas por dia.

A implementação de IA no atendimento ao cliente também possibilita a **personalização em tempo real**. Com a coleta de dados e o monitoramento contínuo do comportamento dos clientes, a IA pode adaptar o atendimento e as sugestões de produtos para cada indivíduo. Por exemplo, se um cliente costuma fazer pedidos de produtos vegetarianos, o sistema pode sugerir automaticamente novas opções ou combinações de itens que estejam alinhadas com suas preferências. A personalização aumenta significativamente o engajamento e a satisfação do cliente, ao mesmo tempo em que oferece à rede de fast food uma oportunidade de aumentar as vendas por meio de ofertas e promoções direcionadas.

Além da personalização e da agilidade, a **automação do atendimento** proporciona benefícios operacionais substanciais. A redução do envolvimento humano em tarefas repetitivas permite que os colaboradores da rede sejam redirecionados para atividades mais complexas e de maior valor agregado, como supervisionar o funcionamento das unidades e interagir com clientes que demandem um atendimento mais especializado. Isso também reduz a necessidade de treinamento contínuo de funcionários para essas funções básicas, o que, por sua vez, diminui os custos operacionais e aumenta a eficiência geral.

A automação do atendimento com IA também garante um **nível elevado de consistência**. Enquanto o atendimento humano pode variar de acordo com a habilidade, experiência ou até o humor dos funcionários, os sistemas de IA oferecem um serviço padronizado, garantindo que cada cliente receba a mesma qualidade de atendimento, independentemente da unidade ou do canal utilizado. Isso é crucial para manter a reputação da marca e assegurar que a experiência seja uniforme em todas as interações.

Entretanto, a adoção da automação no atendimento ao cliente requer um planejamento cuidadoso. É importante que as redes de fast food escolham **plataformas de IA que sejam integráveis** aos seus sistemas já existentes, como o ponto de venda (POS) e o sistema de gestão de inventário. A integração é essencial para que os dados fluam de maneira contínua entre os sistemas, permitindo que a IA acesse informações atualizadas para personalizar o atendimento e ajustar recomendações em tempo real. Além disso, é fundamental testar essas tecnologias em unidades piloto antes de expandi-las para toda a rede, garantindo que os sistemas funcionem conforme o esperado e atendam às expectativas dos clientes.

Outro fator crucial é garantir que os **clientes aceitem e adotem** essas novas tecnologias. Mesmo com a crescente aceitação de quiosques de autoatendimento e assistentes virtuais, ainda é essencial que as redes eduquem seus clientes sobre como usar essas ferramentas de maneira eficiente. Programas de introdução, descontos promocionais para quem utiliza o autoatendimento e interfaces intuitivas são algumas das estratégias que podem ser empregadas para facilitar essa transição.

Em suma, a **automação do atendimento ao cliente** com IA é uma tendência irreversível e uma oportunidade para as redes de fast food que desejam se destacar em um mercado competitivo. Com tecnologias que melhoram a precisão dos pedidos, reduzem o tempo de atendimento e personalizam a experiência do cliente, a IA permite que essas redes operem de maneira mais eficaz e escalável. A automação, quando bem implementada, não só reduz custos e aumenta a eficiência, como também fortalece a relação entre a marca e os consumidores, garantindo que cada interação seja uma oportunidade de fidelização e engajamento.

## Ação Prática

Para implementar a automação do atendimento ao cliente com IA em sua rede de fast food, comece escolhendo um ponto de partida estratégico. Teste a tecnologia em um ambiente controlado, como uma unidade piloto, utilizando um sistema de reconhecimento de voz em drive-thru ou um quiosque de autoatendimento. Monitore de perto o desempenho e a aceitação dos clientes, fazendo ajustes conforme necessário para garantir que o sistema funcione de maneira eficiente e intuitiva. Expanda gradualmente a tecnologia para outras unidades, sempre mantendo o foco na integração e personalização para maximizar os benefícios operacionais e de experiência do cliente.

Como citado no capítulo anterior, existem diversas ferramentas de chatbots disponíveis atualmente, como Ada, Drift, Intercom, ManyChat, Chatfuel, Tars e Freshchat, cada uma com suas características específicas que podem ser adaptadas às necessidades das redes de fast food.

## Capítulo 3 | Personalização e Marketing Inteligente

No cenário altamente competitivo do setor de fast food, a capacidade de uma marca de se conectar diretamente com seus clientes e entender suas preferências pode ser o fator decisivo entre o sucesso e o fracasso. A **Inteligência Artificial (IA)** está revolucionando o marketing, permitindo que as redes de fast food personalizem suas campanhas e ajustem suas estratégias em tempo real, alcançando públicos de maneira mais precisa e eficiente. Com a IA, essas redes não estão apenas coletando dados sobre o comportamento dos clientes; elas estão transformando esses dados em insights valiosos que permitem uma comunicação direta e segmentada, criando experiências mais significativas e impactantes para o consumidor.

Ao longo das últimas décadas, o marketing digital se tornou uma ferramenta poderosa para marcas que desejam aumentar sua presença e influência. No entanto, com o surgimento da IA, o marketing passou de uma abordagem genérica para uma **estratégia personalizada**, onde cada interação com o cliente pode ser adaptada com base em seu histórico de compras, preferências e até mesmo variáveis externas, como o clima ou eventos locais. Isso cria um cenário onde as campanhas de marketing não apenas atingem um público-alvo genérico, mas falam diretamente com cada cliente de forma única, aumentando a relevância e a efetividade das mensagens.

A personalização é uma das características mais poderosas da IA aplicada ao marketing. Ao integrar sistemas de **machine learning** que monitoram o comportamento do cliente em aplicativos, websites e lojas físicas, as redes de fast food podem criar **perfis detalhados** de cada consumidor. Com esses perfis, a IA é capaz de sugerir produtos e promoções específicas com base nas preferências individuais e no histórico de compras do cliente. Por exemplo, se um cliente costuma pedir refeições vegetarianas ou específicas em horários fixos, o sistema pode enviar ofertas e promoções personalizadas pouco antes desses horários, incentivando a compra e aumentando a fidelização.

Além disso, a IA permite que as redes de fast food **adaptem suas campanhas em tempo real**. A análise preditiva alimentada por IA pode prever como determinados fatores, como o clima ou eventos esportivos, podem impactar as vendas. Por exemplo, em dias de clima frio, a IA pode ajustar automaticamente as campanhas para promover bebidas quentes ou pratos mais reconfortantes, enquanto, em dias mais quentes, a ênfase pode estar em bebidas geladas ou sobremesas leves. Esse nível de personalização não apenas aumenta a eficácia das campanhas, mas também assegura que a rede esteja sempre alinhada às necessidades e desejos do consumidor, criando uma conexão mais profunda e personalizada.

Um aspecto crucial da aplicação da IA no marketing de redes de fast food é a **capacidade de segmentação avançada**. Diferente das abordagens tradicionais que dividem os clientes em grandes grupos demográficos, a IA permite a segmentação com base em comportamentos e preferências específicas, oferecendo campanhas para cada grupo de forma individualizada. Isso resulta em mensagens e ofertas mais relevantes para cada consumidor, aumentando as taxas de conversão e o engajamento com a marca. Por exemplo, a IA pode identificar clientes que visitam frequentemente a unidade durante a semana, mas raramente aos finais de semana. Com base nisso, a rede pode oferecer promoções específicas para incentivar visitas em momentos em que o cliente normalmente não aparece, utilizando um marketing mais preciso e direcionado.

Outro benefício significativo do marketing automatizado com IA é a **capacidade de mensurar resultados em tempo real**. Enquanto as campanhas tradicionais exigem análises manuais e demoradas para avaliar sua efetividade, a IA permite que as redes monitorem o impacto das campanhas conforme elas acontecem. As métricas são analisadas instantaneamente, e a IA faz ajustes automáticos para otimizar os resultados. Por exemplo, se uma campanha de almoço não está gerando o impacto esperado em um determinado local, o sistema pode ajustar a oferta ou mudar o foco para outros produtos mais atrativos para aquele público específico. Essa flexibilidade permite que as redes sejam mais reativas e precisas, ajustando estratégias e campanhas de acordo com a resposta do cliente e as variáveis do mercado.

A automação do marketing com IA também proporciona **integração entre os canais de comunicação** da rede. Com um sistema centralizado, as redes podem garantir que as mensagens e ofertas sejam consistentes, seja em aplicativos móveis, redes sociais ou quiosques de autoatendimento. Além disso, a IA permite que essas ofertas sejam adaptadas ao canal específico, otimizando a forma como a mensagem é apresentada para maximizar o engajamento. Um cliente que interage pelo aplicativo pode receber notificações personalizadas, enquanto um que faz pedidos pelo quiosque pode visualizar sugestões com base nas escolhas recentes e nos horários de maior movimento.

No entanto, a implementação eficaz do marketing com IA requer uma **gestão inteligente de dados**. As redes de fast food devem garantir que a coleta e o armazenamento de dados dos clientes sejam feitos de maneira ética e conforme as regulamentações de privacidade, como o GDPR (Regulamento Geral de Proteção de Dados) na Europa e leis semelhantes em outras regiões. A confiança do cliente é essencial para o sucesso de qualquer estratégia de marketing, e a transparência sobre o uso de dados pode fortalecer essa relação. Além disso, é importante que as redes mantenham seus sistemas de IA atualizados e treinados para garantir que as análises sejam precisas e relevantes, evitando erros que possam afetar negativamente a experiência do cliente.

O uso da IA no marketing de redes de fast food transforma a forma como as campanhas são criadas e executadas. Com a capacidade de personalizar cada interação, prever demandas e ajustar campanhas em tempo real, a IA possibilita uma conexão mais profunda entre a marca e o cliente, aumentando a fidelização e a satisfação. A inteligência por trás dessas estratégias permite que as redes operem com mais precisão e flexibilidade, adaptando-se rapidamente às mudanças do mercado e aproveitando ao máximo cada oportunidade de venda.

### Ação Prática

Para implementar a personalização e o marketing inteligente com IA, comece por mapear os dados dos clientes que estão disponíveis, como histórico de compras, preferências de produtos, e interações anteriores. Utilize esses dados para desenvolver campanhas personalizadas e interações automatizadas que aumentem o engajamento e a fidelização dos clientes.

Atualmente, há várias ferramentas de IA no mercado que suportam a personalização e o marketing inteligente de forma eficiente:

**Salesforce Einstein**: Integra IA diretamente ao CRM, oferecendo insights personalizados baseados no comportamento do cliente, permitindo segmentações mais precisas e campanhas automatizadas que se ajustam ao ciclo de vida do cliente.

**HubSpot CRM com IA**: Focado em automação de marketing e vendas, é ideal para personalizar interações e mensagens com base nas preferências e comportamento do cliente em diferentes canais, como e-mail marketing e redes sociais.

**Google Marketing Platform**: Oferece recursos avançados de análise de dados e automação de campanhas, permitindo que as redes de fast food implementem ações personalizadas em escala, ajustando promoções e anúncios em tempo real com base nos hábitos de compra e interesses do público.

**Adobe Sensei**: Uma poderosa plataforma de IA que oferece automação de marketing e personalização de conteúdo, usando dados em tempo real para adaptar promoções e recomendações de produtos de maneira dinâmica e eficaz.

**Marketo Engage**: Focado em marketing digital com IA, ideal para redes que desejam criar campanhas altamente segmentadas e automatizar o fluxo de nutrição de leads, aumentando a retenção de clientes por meio de ofertas e conteúdos personalizados.

**Amazon Personalize**: Uma solução que usa machine learning para recomendar produtos e ofertas em tempo real, adaptando-se ao comportamento de cada cliente em plataformas online e aplicativos móveis.

Implemente essas ferramentas para maximizar a personalização das campanhas de marketing. Por exemplo, utilize **Salesforce Einstein** para criar segmentações dinâmicas que ajustem as campanhas conforme os clientes interagem com a marca, ou integre **Google Marketing Platform** para automatizar campanhas publicitárias que mudam conforme a localização ou as preferências do cliente. Utilize **Amazon Personalize** para oferecer recomendações personalizadas de produtos, ajustando o menu ou as ofertas promocionais de acordo com o histórico de compras do cliente. Monitore o desempenho dessas ferramentas para otimizar constantemente as estratégias de marketing e garantir que as interações sejam sempre relevantes e direcionadas ao público-alvo.

# CAPÍTULO 4 | GESTÃO DE ESTOQUES E PREVISÃO DE DEMANDA

A gestão de estoques é um dos aspectos mais desafiadores para as redes de fast food. Com ingredientes perecíveis e um fluxo constante de clientes, é essencial que as unidades mantenham o equilíbrio perfeito entre disponibilidade e frescor dos produtos, evitando desperdícios e perdas financeiras. A **Inteligência Artificial (IA)** surge como uma ferramenta transformadora nesse contexto, trazendo precisão e eficiência para prever demandas, automatizar o controle de estoques e otimizar a cadeia de suprimentos, assegurando que cada unidade opere de maneira sustentável e lucrativa.

Historicamente, a previsão de demanda em redes de fast food dependia de análises manuais, que se baseavam em padrões de vendas passadas e estimativas sazonais. No entanto, essas abordagens tradicionais são limitadas e suscetíveis a erros, especialmente quando fatores externos, como eventos imprevistos ou mudanças climáticas, afetam o comportamento do consumidor. Com a IA, as redes de fast food agora têm a capacidade de prever com precisão a demanda em cada unidade, utilizando **algoritmos de machine learning** que processam vastas quantidades de dados em tempo real. Esses algoritmos são capazes de identificar padrões complexos e variáveis que influenciam diretamente o consumo, ajustando as previsões conforme as condições mudam.

A implementação de **IA para previsão de demanda** não apenas melhora a precisão das estimativas, mas também permite que as unidades façam ajustes automáticos em seus estoques e pedidos de reposição. Por exemplo, se a IA detecta um aumento na demanda de um determinado produto em dias de calor intenso, ela pode ajustar automaticamente os níveis de estoque para garantir que esses itens estejam disponíveis em quantidade suficiente, evitando rupturas de estoque. Ao mesmo tempo, a tecnologia também ajusta a reposição de itens que podem ter menor demanda em tais circunstâncias, otimizando o espaço de armazenamento e minimizando desperdícios.

Essa capacidade de **ajuste automático** é essencial para garantir que as redes de fast food mantenham seus estoques em níveis ideais, independentemente das flutuações de demanda. Além disso, a integração da IA com sistemas de gestão de estoque possibilita que os pedidos sejam realizados automaticamente com fornecedores, assegurando que os produtos cheguem às unidades no momento certo. Esse nível de automação elimina a necessidade de intervenção manual frequente, permitindo que os gerentes das unidades se concentrem em outras áreas operacionais que exigem atenção.

Outro ponto crucial que a IA aborda é o **monitoramento da qualidade dos produtos**, especialmente quando se trata de ingredientes frescos e perecíveis. A IA pode rastrear e monitorar a vida útil dos produtos em tempo real, enviando alertas para os gerentes quando itens se aproximam de sua data de validade ou quando é necessário reabastecer determinados ingredientes. Com esses alertas, as redes de fast food podem agir rapidamente para usar os ingredientes antes que se tornem inviáveis, reduzindo o desperdício de alimentos e otimizando o uso dos recursos disponíveis. A capacidade de monitorar e gerenciar esses aspectos de forma automatizada garante uma operação mais sustentável e econômica.

Além de prever a demanda e monitorar os estoques, a IA também é essencial para otimizar a **cadeia de suprimentos** como um todo. A partir de dados detalhados sobre rotas de entrega, tempos de transporte e condições de tráfego, os algoritmos de IA ajustam automaticamente as rotas para garantir que os produtos sejam entregues com eficiência, minimizando atrasos e otimizando custos de transporte. Isso é especialmente importante em redes que operam em múltiplas localidades, onde a logística pode se tornar complexa e cara. Ao otimizar cada etapa da cadeia de suprimentos, a IA ajuda as redes a garantir que todos os ingredientes cheguem frescos e prontos para serem utilizados, sem comprometer a qualidade do serviço.

Para garantir que a implementação de IA na gestão de estoques seja bem-sucedida, é fundamental que as redes integrem **todos os seus sistemas operacionais** em uma única plataforma, permitindo que a IA acesse dados em tempo real de diferentes áreas, como vendas, inventário e logística. A integração é essencial para que a IA possa cruzar informações e fazer ajustes precisos com base em variáveis interconectadas. Sem essa integração, a eficácia da IA pode ser limitada, comprometendo a precisão das previsões e a automação dos processos.

A **capacitação da equipe** também é um fator chave para o sucesso dessa implementação. Embora a automação com IA reduza a necessidade de intervenção manual, é importante que os funcionários estejam treinados para entender como a tecnologia funciona e como responder a alertas e recomendações gerados pelos sistemas. Gerentes e operadores de unidades devem saber interpretar os dados apresentados pela IA e agir rapidamente para implementar as soluções propostas, garantindo que a operação funcione de forma contínua e sem interrupções.

Esse treinamento contínuo não só aumenta a eficácia dos sistemas automatizados, mas também promove a confiança e o engajamento da equipe no uso de novas tecnologias.

O uso de IA na gestão de estoques e previsão de demanda também oferece **benefícios financeiros** substanciais para as redes de fast food. Ao otimizar estoques e reduzir desperdícios, as redes podem cortar custos operacionais e aumentar suas margens de lucro. Além disso, a capacidade de ajustar rapidamente os níveis de estoque e a reposição de produtos conforme as mudanças no mercado permite que as redes maximizem suas vendas e se adaptem a picos de demanda, como durante eventos especiais ou promoções. Com a IA, as redes de fast food se tornam mais resilientes e flexíveis, preparadas para enfrentar as complexidades e volatilidades do mercado.

A gestão de estoques e previsão de demanda com IA representa um avanço significativo para as redes de fast food. A capacidade de automatizar esses processos, ajustando e otimizando continuamente com base em dados precisos e em tempo real, garante uma operação mais eficiente, econômica e sustentável. As redes que adotam essas tecnologias não apenas melhoram seu desempenho operacional, mas também se posicionam de forma competitiva em um mercado cada vez mais exigente e dinâmico. Ao implementar soluções de IA para prever e ajustar a demanda, monitorar a qualidade e otimizar a logística, as redes de fast food podem garantir que estão prontas para atender às expectativas dos clientes e crescer de maneira escalável.

## Ação Prática

Para otimizar a gestão de estoques e a previsão de demanda com IA, comece implementando sistemas que integrem dados de vendas, padrões sazonais e variáveis externas, como clima e eventos locais. Utilize esses dados para criar um modelo preditivo que garanta a disponibilidade de produtos e minimize desperdícios, ajustando os níveis de estoque em tempo real.

Existem diversas ferramentas de IA no mercado atualmente que oferecem soluções robustas para a gestão de estoques e previsão de demanda:

**IBM Watson Supply Chain**: Essa ferramenta permite monitorar e gerenciar o inventário em tempo real, usando machine learning para prever flutuações na demanda e ajustar automaticamente os níveis de estoque em cada unidade.

**Microsoft Azure Machine Learning**: Oferece uma plataforma flexível para criar modelos preditivos personalizados, integrando dados de vendas, históricos de pedidos e variáveis externas, como o clima, para prever a demanda e otimizar o estoque de maneira precisa.

**Google Cloud AI**: Com APIs para análise de dados e machine learning, permite que as redes de fast food desenvolvam soluções customizadas para prever demanda e automatizar o abastecimento das unidades com base em tendências identificadas.

**SAP Integrated Business Planning (IBP)**: Ideal para redes que já utilizam sistemas SAP, essa solução integrada permite prever a demanda e gerenciar o estoque de maneira automatizada, oferecendo insights em tempo real sobre os níveis de inventário e as necessidades de abastecimento.

**Oracle Autonomous Database com IA**: Integra dados de estoque e vendas para criar previsões precisas, utilizando algoritmos avançados para adaptar os níveis de estoque conforme as tendências e os padrões de compra dos clientes mudam.

**Blue Yonder (anteriormente JDA Software)**: Especializada em soluções para a cadeia de suprimentos, essa ferramenta utiliza machine learning para prever demanda e otimizar o inventário, ajudando a garantir que as unidades sejam abastecidas de forma eficiente e que os desperdícios sejam minimizados.

Implemente essas ferramentas para melhorar a precisão da previsão de demanda e a gestão de estoques. Utilize, por exemplo, **IBM Watson Supply Chain** para monitorar continuamente as unidades, ajustando o estoque conforme os padrões de venda variam. Com **Google Cloud AI**, integre variáveis externas, como clima e eventos locais, para prever picos de demanda e garantir que as unidades estejam preparadas para atender o aumento de clientes sem falta de produtos. Com **SAP IBP**, centralize a gestão de inventário e permita que o sistema automatize o abastecimento com base em dados em tempo real e previsões precisas, otimizando os recursos e minimizando desperdícios em toda a rede.

Monitore o desempenho dessas ferramentas continuamente e ajuste os modelos preditivos para garantir que os estoques sejam sempre otimizados, adaptando-se às mudanças nas demandas dos consumidores e às variáveis externas que podem impactar as operações.

# Capítulo 5 | Logística Automatizada e Otimização de Entregas

A logística é a espinha dorsal de qualquer rede de fast food, garantindo que os ingredientes e produtos cheguem às unidades no momento certo e em condições ideais para manter a qualidade e a eficiência no atendimento ao cliente. Em um setor onde a velocidade e a precisão são essenciais, a **Inteligência Artificial (IA)** está revolucionando a forma como as redes gerenciam sua cadeia de suprimentos e otimizam suas entregas, transformando processos complexos em operações mais ágeis, econômicas e eficazes.

Para as redes de fast food, a logística eficiente envolve mais do que simplesmente transportar produtos de um ponto a outro; trata-se de assegurar que cada unidade tenha os ingredientes necessários para operar de forma consistente, independentemente das flutuações na demanda ou dos desafios logísticos imprevistos. A IA, nesse contexto, é uma ferramenta poderosa que automatiza e otimiza as operações logísticas, utilizando algoritmos de **machine learning** para prever e ajustar rotas de entrega, monitorar o status do inventário em tempo real e melhorar a precisão das previsões de demanda.

Uma das aplicações mais impactantes da IA na logística de redes de fast food é a **otimização de rotas de entrega**. Antigamente, as rotas eram definidas com base em análises manuais e previsões básicas que nem sempre levavam em consideração variáveis complexas, como condições climáticas, tráfego ou bloqueios de estradas. Com a IA, no entanto, as redes podem utilizar algoritmos que monitoram e analisam essas variáveis em tempo real, ajustando automaticamente as rotas para garantir que os produtos sejam entregues da forma mais eficiente possível. Ao evitar congestionamentos e ajustar a rota conforme necessário, a IA minimiza os tempos de entrega e reduz os custos operacionais, garantindo que os produtos cheguem frescos e dentro do prazo estabelecido.

Além de ajustar rotas, a IA também permite que as redes monitorem o **estado dos produtos** durante o transporte. Sensores conectados e integrados aos sistemas de IA podem rastrear variáveis como temperatura e umidade, assegurando que os produtos perecíveis sejam transportados nas condições ideais para manter a qualidade. Se algum parâmetro estiver fora do padrão, a IA pode enviar alertas em tempo real para que ações corretivas sejam tomadas imediatamente, evitando a perda de produtos e garantindo que cada entrega atenda aos padrões de qualidade da marca.

A capacidade da IA de monitorar e ajustar variáveis logísticas também se estende para a **gestão preditiva de inventário**. Com a análise detalhada de dados históricos de vendas e o monitoramento contínuo das tendências de consumo, a IA consegue prever a demanda de cada unidade e ajustar os níveis de estoque de maneira precisa. Por exemplo, em épocas de alta demanda, como feriados ou eventos esportivos, a IA pode antecipar um aumento no consumo de certos produtos e ajustar os pedidos de reabastecimento para garantir que as unidades estejam preparadas. Da mesma forma, em períodos de baixa demanda, a tecnologia pode sugerir uma redução nos pedidos para evitar excesso de estoque e desperdícios.

A integração da IA com a cadeia de suprimentos também permite que as redes de fast food mantenham uma **visão**

**centralizada e em tempo real** de suas operações logísticas. Isso é particularmente importante para redes que operam em várias localizações e que precisam gerenciar o abastecimento de inúmeras unidades simultaneamente. Com um sistema centralizado e automatizado, os gestores têm acesso instantâneo aos dados de cada unidade, permitindo que tomem decisões rápidas e informadas sobre como ajustar a distribuição de produtos conforme necessário. Esse nível de visibilidade e controle é essencial para garantir que a operação funcione sem falhas, mantendo a consistência e a eficiência, independentemente da escala da rede.

A automação das entregas com IA também contribui para a **sustentabilidade** das redes de fast food. Ao otimizar rotas e minimizar desperdícios de produtos, as redes conseguem reduzir significativamente as emissões de carbono associadas ao transporte e melhorar o uso de recursos naturais. Além disso, o uso de veículos elétricos e outros modos de transporte sustentáveis, combinados com a otimização proporcionada pela IA, permite que as redes se tornem mais conscientes ambientalmente, atendendo às expectativas crescentes de consumidores por práticas empresariais responsáveis e sustentáveis.

Outro aspecto importante da logística automatizada com IA é a capacidade de **integração com fornecedores**. A IA facilita a comunicação direta e automatizada com os fornecedores, garantindo que os pedidos sejam feitos e ajustados conforme a demanda real de cada unidade. Por meio de um sistema automatizado, a IA gera ordens de compra automaticamente, baseando-se nos níveis de estoque monitorados em tempo real e nas previsões de demanda. Essa integração garante que o abastecimento seja preciso e ágil, reduzindo a dependência de intervenções manuais e minimizando erros que poderiam comprometer o fluxo logístico.

Apesar de todos esses avanços, a implementação de uma logística automatizada com IA exige um **planejamento cuidadoso** e a **integração de sistemas robustos**. É fundamental que as redes invistam em plataformas que possam ser integradas a todos os aspectos de suas operações, garantindo que as informações fluam sem interrupções e que a IA tenha acesso aos dados em tempo real necessários para tomar decisões precisas. Além disso, é essencial que a equipe responsável pela gestão logística seja treinada para interpretar os dados e relatórios gerados pela IA, respondendo rapidamente a qualquer ajuste necessário para otimizar o fluxo de entregas.

A **logística automatizada** com IA oferece uma vantagem competitiva significativa para as redes de fast food, proporcionando um nível de eficiência, precisão e sustentabilidade sem precedentes. Ao automatizar e otimizar as rotas, prever a demanda com precisão e integrar todo o sistema de gestão logística em uma plataforma centralizada, a IA garante que as redes operem de forma ágil e eficaz, adaptando-se rapidamente às mudanças do mercado e mantendo a qualidade em cada entrega. Com a adoção dessas tecnologias, as redes de fast food não apenas melhoram suas operações logísticas, mas também se posicionam de forma sustentável e resiliente para um crescimento contínuo e competitivo.

## Ação Prática

Para otimizar a logística e as entregas automatizadas com IA, implemente sistemas que integram dados de tráfego, condições climáticas, localização em tempo real e volumes de pedidos, ajustando rotas e métodos de entrega de maneira dinâmica. A utilização de ferramentas de IA permite que as redes de fast food automatizem e otimizem as operações logísticas, garantindo entregas rápidas, eficientes e econômicas.

Atualmente, diversas ferramentas de IA oferecem soluções robustas para a automação e otimização de entregas:

**Onfleet**: Um sistema de gerenciamento de entregas que utiliza IA para otimizar rotas em tempo real com base no tráfego, localização dos veículos e volumes de pedidos. Ideal para redes que desejam implementar uma solução pronta para uso com funcionalidades avançadas de rastreamento e relatórios.

**Route4Me**: Essa ferramenta de roteirização permite otimizar entregas com base em fatores como tempo de entrega, distância e volume de pedidos, utilizando algoritmos de machine learning para ajustar rotas e maximizar a eficiência.

**DispatchTrack**: Focado em planejamento e gestão de entregas, é uma solução que utiliza IA para ajustar automaticamente os horários de entrega, monitorar a frota em tempo real e garantir que os pedidos cheguem aos clientes com precisão e rapidez.

**OptimoRoute**: Uma plataforma que utiliza IA para criar e otimizar rotas de entrega considerando o tráfego e outros fatores externos. A ferramenta permite ajustar dinamicamente as rotas com base em condições em tempo real, ideal para operações em áreas urbanas movimentadas.

**Google Cloud AI para Logística**: Permite desenvolver soluções personalizadas para otimização de rotas e logística, utilizando APIs que integram dados de tráfego, clima e localização, ajustando automaticamente as entregas para maximizar a eficiência.

**Paragon Routing & Scheduling**: Oferece funcionalidades avançadas de roteirização e programação de entregas, permitindo que as redes de fast food otimizem suas operações de forma eficaz e escalável, utilizando machine learning para ajustar rotas em tempo real.

**Bringg**: Uma plataforma de gerenciamento de logística que permite integrar e otimizar entregas, rastrear pedidos em tempo real e garantir uma experiência de entrega consistente para os clientes, ajustando as rotas conforme necessário.

Implemente essas ferramentas para automatizar e otimizar a logística de entregas da rede de fast food. Por exemplo, use **Onfleet** para monitorar a frota em tempo real, ajustando as rotas conforme o trânsito e as condições climáticas mudam, garantindo que os pedidos cheguem de maneira rápida e eficiente. Com **Google Cloud AI para Logística**, crie soluções personalizadas que integrem dados de diversas fontes para ajustar as entregas dinamicamente, maximizando a eficiência em todas as unidades. Com **OptimoRoute**, automatize a roteirização das entregas e ajuste os trajetos para evitar congestionamentos e garantir que as entregas sejam feitas no menor tempo possível.

Monitore o desempenho dessas ferramentas continuamente, ajustando os algoritmos e as rotas conforme necessário para garantir que a rede se adapte às mudanças e maximizar a eficiência logística, proporcionando uma experiência consistente e rápida aos clientes.

# Capítulo 6 | Gestão de Equipes e Recursos Humanos

A gestão de equipes e recursos humanos é um dos pilares fundamentais para o sucesso das redes de fast food, especialmente em um setor que depende de alta rotatividade e de colaboradores treinados para lidar com operações rápidas e eficazes. Com o avanço da **Inteligência Artificial (IA)**, as redes de fast food agora possuem ferramentas poderosas para otimizar o gerenciamento de suas equipes, desde o processo de recrutamento até a alocação de pessoal e a avaliação de desempenho. A IA permite uma abordagem mais estratégica e proativa, garantindo que as operações sejam sustentadas por uma força de trabalho eficiente e bem preparada.

Um dos maiores desafios das redes de fast food é lidar com a **flutuação na demanda**, que exige que as equipes sejam escaladas e redimensionadas com frequência para garantir que cada unidade opere em sua capacidade máxima, sem sobrecarregar os colaboradores ou deixar lacunas no atendimento. Tradicionalmente, essa tarefa era feita manualmente, baseada em estimativas de demanda, o que frequentemente resultava em erros e em falta ou excesso de pessoal. Com a IA, a gestão de escalas e de alocação de equipes se torna muito mais precisa, já que os algoritmos utilizam dados históricos de vendas, variáveis externas, como clima e eventos locais, e padrões de comportamento para prever os períodos de maior e menor movimento com alta precisão. Com esses insights, a IA ajusta automaticamente as escalas, garantindo que as unidades tenham o número ideal de funcionários em cada turno.

Além da previsão de demanda, a IA também facilita o **recrutamento e a seleção de novos funcionários**. Por meio de algoritmos que analisam perfis de candidatos, históricos de trabalho e competências específicas, a IA é capaz de identificar os candidatos mais adequados para as posições abertas, alinhando as habilidades exigidas às necessidades de cada unidade. Esse processo automatizado de triagem de currículos e análise de perfil economiza tempo e recursos, permitindo que os gerentes se concentrem em entrevistas e na avaliação qualitativa dos candidatos. A IA também pode prever a **retenção** de colaboradores, utilizando dados de histórico e análise de padrões para identificar perfis que têm maior probabilidade de se adaptar bem ao ambiente de trabalho e permanecer na equipe por mais tempo, reduzindo assim a alta rotatividade comum no setor.

A aplicação de IA vai além do recrutamento, estendendo-se também para o **treinamento e a capacitação contínua** das equipes. Plataformas de aprendizado automatizado, equipadas com IA, oferecem programas de treinamento personalizados, que se adaptam ao nível de habilidade e ao progresso de cada colaborador. Isso permite que os funcionários sejam capacitados de forma mais eficaz e em menos tempo, já que os cursos são ajustados para atender às necessidades específicas de cada um. Além disso, assistentes virtuais e chatbots integrados às plataformas de treinamento são capazes de responder a dúvidas em tempo real, proporcionando suporte contínuo durante o processo de aprendizado. Essa abordagem personalizada não só acelera o treinamento inicial, mas também promove o desenvolvimento contínuo das habilidades dos colaboradores, assegurando que estejam sempre atualizados com as melhores práticas operacionais e de atendimento ao cliente.

A IA também desempenha um papel fundamental na **avaliação de desempenho** e no monitoramento de indicadores-chave, como a produtividade, a qualidade do atendimento e a adesão aos padrões operacionais. Sistemas automatizados monitoram o desempenho em tempo real, gerando relatórios detalhados que ajudam os gerentes a identificar áreas que precisam de melhoria e a reconhecer os colaboradores que se destacam. Com a análise preditiva, a IA é capaz de prever possíveis problemas antes que se tornem críticos, como queda de desempenho ou risco de rotatividade. Por exemplo, se um colaborador apresenta uma queda consistente no desempenho, a IA pode sugerir ações corretivas, como treinamento adicional ou mudanças no cronograma de trabalho para ajustar melhor o colaborador às suas responsabilidades.

Outro benefício importante é o uso de **IA para promover o bem-estar e a satisfação da equipe**. Ao monitorar dados sobre horários de trabalho, pausas e carga de trabalho, a IA é capaz de detectar sinais de estresse ou sobrecarga, ajustando automaticamente as escalas ou sugerindo pausas adicionais para garantir o bem-estar dos funcionários. Esse nível de monitoramento e ajuste ajuda a melhorar a satisfação no trabalho e a reduzir a rotatividade, criando um ambiente mais equilibrado e produtivo para todos. A IA também permite que os colaboradores façam feedbacks automatizados sobre o ambiente de trabalho, que são analisados em tempo real, oferecendo aos gerentes uma visão clara sobre o clima organizacional e possibilitando ajustes rápidos para melhorar a cultura e o ambiente da unidade.

A automação com IA também permite a **integração de todas as informações e processos de recursos humanos** em uma plataforma única e centralizada. Com essa integração, as redes de fast food podem acessar dados completos sobre cada colaborador, desde o recrutamento até o desempenho contínuo, facilitando a tomada de decisões informadas e ágeis. Esse nível de visibilidade é crucial para garantir que as operações funcionem de maneira eficiente, mesmo em um ambiente dinâmico e com alta rotatividade. A centralização dos dados também permite que as redes ajustem suas políticas e práticas de RH com base em insights gerados pela IA, garantindo que a gestão de pessoal esteja sempre alinhada às necessidades e metas da operação.

No entanto, a implementação de IA na gestão de equipes e recursos humanos requer um **compromisso com a capacitação** e a **adaptação tecnológica**. É essencial que os gerentes e a equipe de RH estejam preparados para utilizar as ferramentas de IA de forma eficaz, interpretando os dados e aplicando as recomendações de maneira prática. Treinamentos e workshops são necessários para garantir que todos estejam confortáveis com o uso da tecnologia e entendam como ela pode ser usada para melhorar o ambiente de trabalho e otimizar as operações. Além disso, as redes devem garantir que todos os processos e políticas de recursos humanos sejam revisados e ajustados para se alinhar à nova abordagem automatizada, garantindo que a IA seja integrada sem fricções ou problemas de adaptação.

A **transparência e a ética** são igualmente importantes na implementação da IA em recursos humanos. A coleta de dados e o monitoramento dos colaboradores devem ser feitos de forma ética e respeitosa, sempre com a clareza de que os dados estão sendo usados para melhorar o ambiente de trabalho e a experiência dos funcionários, e não para punição ou controle excessivo. Isso ajuda a construir confiança entre a equipe e a tecnologia, garantindo que a transição para sistemas automatizados seja vista como uma melhoria e não como uma ameaça.

A IA quando aplicada à gestão de equipes e recursos humanos nas redes de fast food proporciona um nível de automação e eficiência que seria impensável há alguns anos. Desde o recrutamento e treinamento até a avaliação de desempenho e o bem-estar dos colaboradores, a IA permite que as redes de fast food operem com uma força de trabalho mais qualificada, satisfeita e produtiva. Ao adotar essas tecnologias, as redes não apenas otimizam suas operações, mas também criam um ambiente de trabalho mais atraente e sustentável, garantindo que a equipe esteja sempre preparada para atender às demandas do mercado e oferecer um serviço de alta qualidade.

### Ação Prática

Para implementar a gestão de equipes e recursos humanos com IA, comece mapeando os processos de recrutamento, treinamento, alocação de equipes e gestão de desempenho que podem ser otimizados com tecnologia. Utilize ferramentas de IA que oferecem suporte na automação dessas tarefas, garantindo que a rede de fast food mantenha uma operação eficiente e um ambiente de trabalho produtivo e engajado.

Atualmente, diversas ferramentas de IA são amplamente utilizadas para otimizar a gestão de equipes e recursos humanos:

**Workday**: Oferece soluções completas de gestão de capital humano (HCM) que utilizam IA para analisar o desempenho dos funcionários, otimizar a alocação de equipes e prever as necessidades de recrutamento. Ideal para redes que buscam centralizar todos os processos de RH em uma única plataforma.

**ADP Workforce Now**: Uma ferramenta focada na automação de processos de RH, com funcionalidades que incluem a gestão de folhas de pagamento, monitoramento de desempenho e suporte para recrutamento. Utiliza IA para prever padrões de absenteísmo e melhorar a produtividade geral.

**SAP SuccessFactors**: Utiliza machine learning para aprimorar os processos de recrutamento, triagem e integração de novos funcionários, além de oferecer treinamento personalizado e avaliações de desempenho automatizadas, garantindo que os colaboradores se desenvolvam continuamente.

**Oracle HCM Cloud**: Plataforma robusta que permite automatizar processos de gestão de talentos, engajamento de equipes e planejamento de sucessão. Utiliza IA para personalizar treinamentos e avaliar habilidades, facilitando a identificação de líderes e o desenvolvimento de talentos dentro da rede.

**Zoho People**: Uma solução focada em pequenas e médias empresas, que automatiza processos de gestão de pessoal, incluindo registros de ponto, folha de pagamento e gerenciamento de desempenho. Utiliza algoritmos de IA para prever padrões de rotatividade e sugerir ações corretivas.

**BambooHR**: Ideal para redes que buscam uma abordagem mais leve e flexível, essa ferramenta utiliza IA para gerenciar o ciclo de vida do colaborador, desde o recrutamento até a avaliação de desempenho e o desenvolvimento contínuo. Oferece insights para melhorar o engajamento e a satisfação dos funcionários.

**Lever**: Uma ferramenta especializada em recrutamento e seleção, que utiliza IA para automatizar o processo de triagem de candidatos, sugerindo os perfis mais adequados com base nas necessidades específicas da rede. Ideal para garantir contratações mais rápidas e precisas.

Implemente essas ferramentas para automatizar e otimizar a gestão de recursos humanos e de equipes na rede de fast food. Por exemplo, utilize **Workday** ou **Oracle HCM Cloud** para centralizar e automatizar o recrutamento, monitorar o desempenho dos funcionários e personalizar treinamentos, garantindo que as equipes sejam continuamente aprimoradas e alinhadas aos objetivos da rede. Com **SAP SuccessFactors**, automatize os processos de triagem e integração de novos colaboradores, ajustando os treinamentos de acordo com as necessidades específicas de cada unidade.

Monitore continuamente o impacto dessas ferramentas e ajuste os algoritmos conforme necessário para otimizar a alocação de equipes, prever padrões de absenteísmo e melhorar a satisfação dos funcionários, garantindo uma operação eficiente e um ambiente de trabalho positivo.

# Capítulo 7 | Escalabilidade com Sistemas Automatizados

No competitivo setor de fast food, a capacidade de escalar operações de forma eficiente é essencial para manter a competitividade e sustentar o crescimento. Tradicionalmente, o processo de expansão envolvia desafios logísticos, operacionais e humanos, que limitavam a velocidade com que as redes podiam abrir novas unidades ou adaptar as existentes para novos mercados. Com a **Inteligência Artificial (IA)** e a automação, esses obstáculos podem ser minimizados ou até eliminados, permitindo que as redes de fast food cresçam de maneira sustentável, mantendo a qualidade e consistência em todas as unidades.

A escalabilidade com sistemas automatizados começa com a **integração de tecnologia em todos os aspectos operacionais** da rede. A expansão bem-sucedida de redes de fast food depende da capacidade de replicar operações de maneira padronizada e eficiente em diversas localizações, mantendo a consistência e a qualidade. Ao integrar sistemas automatizados em todos os níveis operacionais, as redes podem escalar com agilidade, mantendo a coesão entre as unidades e oferecendo experiências consistentes para os clientes.

A IA transforma a escalabilidade ao **centralizar a gestão e o controle operacional**. Em vez de tratar cada nova unidade como uma operação isolada, a rede pode integrar todas as unidades em um sistema central que monitora e ajusta processos em tempo real. Esse nível de conectividade permite que as decisões sejam baseadas em dados coletados de todas as operações da rede, proporcionando uma visão global das necessidades e demandas específicas de cada local. Por exemplo, a IA pode identificar variações regionais nas preferências de consumo e ajustar automaticamente os menus e ofertas promocionais para atender a essas diferenças, garantindo que cada unidade se alinhe às expectativas do público local sem perder a identidade da marca.

Além disso, a escalabilidade é otimizada pela **capacidade da IA de se adaptar rapidamente** a novas realidades de mercado. Quando uma rede de fast food expande para uma nova área ou região, é essencial que a adaptação seja feita com precisão para garantir um desempenho competitivo. A IA permite essa adaptação ao analisar dados demográficos, econômicos e culturais do local, ajustando campanhas de marketing e modificando ofertas com base nas preferências específicas dos consumidores. Essa flexibilidade é crucial para evitar os erros comuns cometidos por redes que não se ajustam adequadamente às demandas e características dos novos mercados.

O uso de **modelos preditivos** é outra ferramenta poderosa que a IA traz para a escalabilidade. Com a análise de dados históricos e atuais, os algoritmos conseguem prever como uma nova unidade performará antes mesmo de ser inaugurada. Esses modelos consideram uma série de variáveis, como densidade populacional, comportamento de consumo e concorrência, para sugerir ajustes no plano operacional. Isso permite que as redes se preparem para desafios específicos e ajustem seus processos antes da abertura, garantindo que a nova unidade opere de forma eficaz desde o primeiro dia.

Para garantir que todas as unidades operem de maneira eficiente e uniforme, a IA também pode ser usada para criar **protocolos de operação padronizados**. Uma vez que esses protocolos são implementados, as unidades podem seguir as mesmas diretrizes, desde a preparação de alimentos até o atendimento ao cliente, independentemente de onde estejam localizadas. A IA monitora o cumprimento desses protocolos em tempo real, identificando quaisquer desvios e sugerindo ações corretivas de forma automática. Esse nível de padronização é essencial para garantir que a experiência do cliente seja consistente em todas as unidades, independentemente do local ou da hora.

Outro aspecto crucial que a IA facilita na escalabilidade é o **treinamento contínuo** das equipes. À medida que novas unidades são abertas, é fundamental que os funcionários recebam o treinamento necessário para seguir os padrões operacionais da marca. A IA oferece plataformas de aprendizado automatizadas e adaptativas que garantem que o treinamento seja rápido e eficiente, adaptando o conteúdo às necessidades e ao ritmo de cada colaborador. Além disso, a IA monitora o progresso dos funcionários em tempo real, oferecendo feedbacks automáticos e sugerindo módulos adicionais para aqueles que precisem de reforço em áreas específicas. Esse sistema de treinamento padronizado permite que a rede mantenha a qualidade do atendimento em todas as suas unidades, independentemente da localização ou do perfil dos funcionários.

A **automação da logística** é outra peça fundamental para a escalabilidade. Em uma rede em crescimento, garantir que todos os ingredientes e produtos cheguem às unidades no tempo certo é um desafio. Com a IA, as redes conseguem otimizar suas operações logísticas de forma integrada, ajustando rotas e distribuindo suprimentos de maneira eficiente, independentemente do número de unidades ou da distância entre elas. Isso garante que todas as unidades recebam os insumos necessários de forma ágil, mantendo o padrão de qualidade exigido pela marca.

Ao longo do processo de expansão, é crucial que as redes mantenham um **monitoramento contínuo de desempenho**. A IA permite que a sede central monitore todas as unidades de maneira centralizada, verificando se as metas operacionais estão sendo atingidas e se as unidades estão seguindo os protocolos estabelecidos. Caso alguma unidade apresente desempenho abaixo do esperado, a IA pode sugerir ajustes específicos ou intervenções proativas, como campanhas promocionais localizadas ou ajustes no estoque para atender a variações na demanda. Esse monitoramento em tempo real é essencial para garantir que a rede se mantenha competitiva e eficiente, independentemente da rapidez com que se expanda.

A **flexibilidade proporcionada pela IA** é o elemento chave para uma escalabilidade sustentável e adaptativa. À medida que as redes crescem, é essencial que tenhamos a capacidade de se ajustar rapidamente a novas circunstâncias, sejam elas relacionadas a mudanças no mercado ou a eventos imprevistos. A IA garante que as operações sejam ágeis e responsivas, permitindo que as redes de fast food se adaptem sem comprometer a qualidade e a consistência do serviço.

### Ação Prática

Para garantir a escalabilidade das operações de uma rede de fast food utilizando sistemas automatizados com IA, é essencial começar com a implementação de plataformas que integram e automatizam todos os processos, desde o atendimento até a logística e a gestão de estoque. Isso assegura que a expansão para novas unidades seja fluida, mantendo a eficiência e a consistência da marca, independentemente do crescimento.

Atualmente, várias ferramentas de IA estão disponíveis para auxiliar na automação e escalabilidade de operações de redes de fast food:

**UiPath**: Especializado em automação de processos robóticos (RPA), é ideal para automatizar tarefas repetitivas em grande escala, como o gerenciamento de estoque, processamento de pedidos e coordenação logística. A ferramenta é flexível e pode ser adaptada conforme a rede cresce, garantindo que os sistemas automatizados acompanhem a expansão.

**Blue Prism**: Outra solução de RPA que ajuda a escalar processos operacionais, permitindo a automação de fluxos de trabalho complexos, como a coordenação de múltiplas unidades e a integração de novos pontos de venda. Ideal para redes que precisam padronizar processos em grande escala.

**IBM Watson Automation**: Oferece uma plataforma integrada de automação e inteligência artificial que ajuda a automatizar e escalar operações críticas, como atendimento ao cliente, gestão de estoque e otimização de processos de entrega. A ferramenta é altamente customizável e pode ser ajustada para atender às demandas específicas de redes em expansão.

**Microsoft Azure Automation**: Utiliza IA para automatizar a infraestrutura e as operações, permitindo que as redes escalem rapidamente seus processos sem comprometer a qualidade ou a consistência das operações. Com capacidade para integrar e gerenciar diferentes sistemas, é ideal para redes que buscam crescimento sustentável e consistente.

**Zapier**: Embora não seja uma ferramenta de IA tradicional, Zapier integra diferentes aplicativos e sistemas, permitindo a automação de tarefas entre plataformas como CRM, sistemas de gestão de pedidos e plataformas de marketing, garantindo que todas as unidades se mantenham sincronizadas durante a expansão.

**ServiceNow Automation**: Focada em automação de serviços, essa plataforma permite escalar processos de atendimento ao cliente e suporte, garantindo que as novas unidades recebam suporte automatizado e eficaz à medida que a rede cresce. A ferramenta utiliza machine learning para otimizar continuamente as operações e melhorar o atendimento.

**Automation Anywhere**: Uma das soluções de RPA mais populares, é utilizada para automatizar e escalar processos críticos, como a gestão de inventário e a coordenação de múltiplas unidades. Oferece flexibilidade para personalizar fluxos de trabalho e adaptar as operações conforme a rede se expande.

Implemente essas ferramentas para automatizar e garantir a escalabilidade das operações em toda a rede. Utilize, por exemplo, **UiPath** para automatizar tarefas como o gerenciamento de estoque e a sincronização de dados entre as unidades, garantindo que todas as operações sejam padronizadas. Com **Microsoft Azure Automation**, centralize a infraestrutura e coordene a expansão de novas unidades sem comprometer a eficiência ou a consistência do atendimento.

Monitore continuamente o impacto dessas ferramentas para garantir que elas estejam atendendo às necessidades da rede conforme ela cresce. Ajuste as automações e a integração dos sistemas conforme novas unidades são adicionadas, garantindo que a escalabilidade ocorra de forma suave e que todas as unidades operem com a mesma eficiência e qualidade, independentemente da localização.

# Capítulo 8 | Integração Multicanal: IA em Apps, Websites e Pontos Físicos

Em um mercado onde a presença digital é cada vez mais importante, as redes de fast food precisam garantir que a experiência do cliente seja perfeita e conectada em todos os canais de interação. A **Inteligência Artificial (IA)** desempenha um papel crucial ao permitir que as redes integrem suas plataformas digitais e pontos físicos, criando uma jornada contínua para os consumidores que desejam conveniência, rapidez e eficiência. Essa integração vai muito além de automatizar processos; ela visa transformar cada ponto de contato em uma extensão personalizada e coerente da marca.

Uma das principais funções da IA na integração multicanal é criar **sincronização em tempo real** entre os diferentes pontos de interação. Quando um cliente acessa um aplicativo, navega no website da rede ou utiliza um quiosque de autoatendimento, todos esses pontos de contato são conectados por meio da IA para garantir que as informações fluam sem interrupções. Por exemplo, se um cliente faz um pedido no aplicativo, a IA garante que esse pedido seja imediatamente visível em outros sistemas, permitindo que ele seja retirado na loja física sem a necessidade de repetir o processo. Esse nível de sincronização reduz fricções e melhora a experiência do cliente, criando uma jornada fluida em que o tempo e a conveniência são maximizados.

A IA também possibilita a **integração de dados em múltiplas plataformas**, algo essencial para redes que operam em ambientes físicos e digitais. Isso permite que a rede unifique todas as informações coletadas em um banco de dados central, possibilitando análises detalhadas sobre como os consumidores interagem com a marca em diferentes canais. Essa integração de dados possibilita que a rede não apenas entenda o comportamento do cliente, mas também identifique padrões que indiquem áreas de melhoria, como processos que precisam ser ajustados para aumentar a eficiência ou estratégias que poderiam ser otimizadas para engajar ainda mais o público. Ao analisar essas interações, a rede pode criar uma estratégia de crescimento baseada em insights concretos, focando no que é mais eficaz para diferentes tipos de cliente.

Além disso, a IA permite que as redes de fast food **ajustem suas interfaces e sistemas de acordo com a demanda em cada canal**. Quando uma rede experimenta um aumento repentino no tráfego digital, como durante um evento especial ou uma promoção, a IA ajusta automaticamente os recursos de seus sistemas digitais para lidar com o aumento de acessos, garantindo que o website e o aplicativo operem sem interrupções. Da mesma forma, se um quiosque de autoatendimento estiver sendo utilizado intensamente em uma determinada unidade, a IA coordena com outros pontos de contato para balancear a carga e garantir que o atendimento ao cliente seja rápido e eficaz.

Outro aspecto fundamental da integração multicanal com IA é a capacidade de **adaptar a comunicação da marca de forma dinâmica**. A IA ajusta as mensagens exibidas para os clientes em diferentes canais com base no contexto e na situação específica. Por exemplo, se o sistema detecta que há um clima quente em determinada localidade, ele pode promover produtos como sorvetes, bebidas geladas e outros itens refrescantes, garantindo que a comunicação seja relevante e adaptada às circunstâncias. Esse ajuste dinâmico aumenta a probabilidade de conversão, pois as mensagens são sempre contextualizadas e adequadas ao momento.

A integração multicanal com IA também facilita a **personalização de ofertas e promoções**, ajustando recomendações com base nas preferências emergentes e nas interações mais recentes do cliente. Se um cliente acessa o aplicativo e pesquisa opções com carnes especiais, como hambúrgueres de carne Angus, a IA pode identificar essa preferência e, em tempo real, promover combinações que incluam esses produtos ou ofertas relacionadas. Ao sugerir essas opções específicas, a IA torna a experiência do cliente mais relevante e atrativa, aumentando as chances de conversão sem depender exclusivamente de dados históricos.

Um benefício significativo da integração multicanal é a capacidade da IA de **ajudar os clientes na hora da escolha do que estão pedindo**, usando dados de compras anteriores para propor combinações e ajustes específicos. Por exemplo, se a IA sabe que um cliente costuma preferir um hambúrguer com mais queijo ou que ele geralmente opta por café com adoçante ao invés de açúcar, ela pode sugerir essas preferências no momento da compra, personalizando a experiência de forma direta. Da mesma maneira, ao identificar que o cliente frequentemente escolhe pizza com borda recheada ou que gosta de molho agridoce extra, a IA pode automaticamente oferecer essas opções adicionais durante o pedido, tornando o processo mais ágil e adaptado às preferências do cliente. Esse tipo de interação não só facilita a jornada de compra, mas também faz com que o cliente se sinta valorizado e compreendido pela marca.

Outro benefício significativo é o uso da IA para **coordenar operações entre os pontos de contato físicos e digitais**, garantindo que os recursos sejam alocados de maneira otimizada. Em uma rede de fast food, é essencial que os canais estejam sincronizados para que as campanhas e promoções sejam eficazes. Por exemplo, se uma promoção é lançada no aplicativo e gera um aumento nas visitas às lojas físicas, a IA pode ajustar o fluxo de trabalho no quiosque de autoatendimento para atender à demanda adicional. Isso garante que os clientes que chegam devido a uma oferta digital tenham uma experiência fluida e sem espera, consolidando a confiança na marca e aumentando as taxas de retorno.

Por fim, a IA permite a **manutenção preventiva e automática dos sistemas de integração**. Todos os pontos de contato da rede são monitorados constantemente, garantindo que possíveis problemas técnicos ou falhas de sistema sejam identificados antes que afetem a experiência do cliente. Se a IA detecta que um quiosque está funcionando mais lentamente do que o normal ou que há um aumento incomum no tempo de carregamento do aplicativo, ela envia alertas automáticos e ativa processos de manutenção remota, garantindo que as operações continuem sem interrupções significativas. Essa capacidade de monitoramento proativo reduz o tempo de inatividade e melhora a eficiência operacional em todos os canais, mantendo a rede sempre pronta para atender aos clientes.

Em resumo, a **IA possibilita a criação de um ecossistema conectado**, onde todos os canais de interação com o cliente estão integrados, coordenados e automatizados para proporcionar uma experiência completa e personalizada. A capacidade de centralizar dados, personalizar ofertas, monitorar operações e ajustar campanhas em tempo real garante que a rede de fast food esteja sempre um passo à frente, antecipando as necessidades do cliente e oferecendo soluções ágeis e relevantes. Essa abordagem integrada não apenas melhora a satisfação do cliente, mas também permite que a rede opere de maneira mais eficiente e escalável, mantendo a competitividade em um mercado altamente dinâmico.

## Ação Prática

Para implementar a integração multicanal com IA de forma eficaz, é essencial unificar as interações dos clientes em todos os pontos de contato da rede, sejam eles apps, websites ou pontos físicos. Isso garante uma experiência consistente e personalizada, independentemente do canal utilizado pelo cliente. A implementação de ferramentas que utilizem IA para coletar, analisar e otimizar essas interações em tempo real é crucial para personalizar a experiência e aumentar a eficiência.

Atualmente, diversas ferramentas de IA suportam a integração multicanal e podem ser utilizadas para esse fim:

**Salesforce Marketing Cloud**: Oferece uma plataforma robusta para automação de marketing e personalização de interações multicanal. Utilizando IA, permite que as redes de fast food criem campanhas personalizadas com base no comportamento do cliente em aplicativos móveis, websites e pontos físicos, garantindo que a comunicação seja consistente em todos os canais.

**HubSpot CRM**: Integra dados de clientes coletados em diferentes pontos de contato, como apps e redes sociais, e utiliza IA para personalizar as interações em tempo real. A ferramenta permite que as redes sincronizem informações de clientes e ajustem campanhas de marketing e promoções de forma integrada e personalizada.

**Intercom**: Focado em suporte ao cliente multicanal, Intercom utiliza IA para coletar dados de interações em apps, websites e chatbots físicos, garantindo que os clientes recebam respostas rápidas e personalizadas, independentemente do canal de atendimento. Ideal para redes que buscam centralizar o atendimento ao cliente e melhorar a experiência de suporte.

**Zendesk Sunshine**: Uma solução que utiliza IA para integrar e gerenciar interações multicanal, centralizando dados de clientes provenientes de apps móveis, websites e atendimento presencial. A ferramenta permite criar experiências personalizadas em tempo real, mantendo a consistência do atendimento e adaptando as mensagens conforme o perfil do cliente.

**Twilio Flex**: Uma plataforma de comunicação flexível que integra vários canais de interação, como voz, mensagens e aplicativos móveis, com funcionalidades de IA para personalizar e automatizar o atendimento. Ideal para redes de fast food que buscam gerenciar uma experiência de cliente integrada em todos os pontos de contato.

**Genesys Cloud**: Utiliza IA para centralizar e otimizar interações em diversos canais, como atendimento via app, chat online e chatbots físicos. A plataforma ajusta as mensagens e interações com base nos dados do cliente, garantindo um atendimento contínuo e eficaz.

**Freshdesk Omnichannel**: Focado em suporte e atendimento ao cliente, utiliza IA para integrar dados de clientes e oferecer uma experiência multicanal consistente e personalizada. Permite que as redes automatizem o atendimento em apps e websites, conectando essas interações com os atendimentos nos pontos físicos.

Implemente essas ferramentas para garantir uma experiência multicanal consistente e personalizada. Utilize, por exemplo, **Salesforce Marketing Cloud** para automatizar e personalizar campanhas em aplicativos e websites, ajustando as promoções com base nas preferências do cliente registradas em interações anteriores. Com **Zendesk Sunshine**, centralize os dados dos clientes e integre as interações em pontos físicos com os canais digitais, garantindo que os clientes tenham uma experiência contínua e sem fricções, independentemente do ponto de contato.

Monitore constantemente o desempenho dessas ferramentas para ajustar as estratégias conforme necessário e garantir que a integração entre apps, websites e pontos físicos esteja fluindo de maneira eficiente. Ajuste as campanhas e as mensagens com base nos dados coletados para que as interações sejam sempre relevantes e personalizadas, aumentando a satisfação e a fidelização dos clientes.

# Capítulo 9 | Comunicação Eficiente entre Franqueador e Franqueados

A comunicação entre franqueador e franqueados é essencial para o sucesso e a sustentabilidade de redes de fast food. Manter uma linha de comunicação clara, eficiente e proativa é fundamental para garantir que todas as unidades operem de acordo com os padrões da marca, mantendo a consistência e a qualidade do serviço em cada ponto de contato. A Inteligência Artificial (IA) está transformando essa dinâmica, oferecendo soluções que vão além da simples troca de informações. A IA permite um sistema de comunicação integrado que garante transparência, monitora o desempenho em tempo real e facilita o suporte contínuo, criando um ecossistema mais colaborativo e eficiente.

Historicamente, a comunicação entre franqueadores e franqueados dependia de sistemas manuais e, muitas vezes, lentos, que envolviam relatórios periódicos, conferências por telefone ou e-mail, e visitas regulares às unidades. Esse método de comunicação, além de ser suscetível a erros e atrasos, não permitia uma troca de informações em tempo real, o que limitava a capacidade de resposta tanto do franqueador quanto do franqueado. Com a IA, essa dinâmica é transformada por meio de uma plataforma centralizada, que coleta, organiza e distribui informações de maneira automática e eficiente, possibilitando que todas as partes envolvidas tenham acesso às mesmas informações, sempre atualizadas.

A IA permite que o franqueador monitore em tempo real o desempenho de todas as unidades, com dados precisos sobre vendas, estoque, tempos de preparo, feedbacks dos clientes e outras métricas operacionais críticas. Esses dados são apresentados em painéis interativos, acessíveis por ambos, franqueador e franqueados, garantindo que todos estejam alinhados e cientes dos resultados e metas da rede. Esse nível de transparência fortalece a relação entre as partes, pois elimina as lacunas de comunicação e proporciona uma visão clara das operações. Com isso, o franqueado sente que está participando de um sistema bem estruturado e pode confiar no suporte contínuo do franqueador.

Além de monitorar as operações, a IA facilita a disseminação de boas práticas e atualizações de maneira rápida e eficaz. Quando o franqueador identifica uma prática que está funcionando bem em uma ou mais unidades, ele pode usar a IA para compartilhar essa informação instantaneamente com os demais franqueados, oferecendo instruções detalhadas e recursos para que eles implementem essas práticas com agilidade. Esse processo é automatizado e padronizado, garantindo que todos os franqueados recebam as mesmas orientações, independentemente da localização. Esse tipo de comunicação permite que as melhores práticas sejam replicadas em toda a rede com rapidez, melhorando o desempenho geral das unidades.

A IA também desempenha um papel fundamental na automatização do suporte técnico e operacional. Quando um franqueado enfrenta um problema técnico ou uma questão operacional, a plataforma de IA pode identificar o problema automaticamente, baseando-se em padrões pré-estabelecidos e em dados coletados em tempo real. Por exemplo, se uma unidade está apresentando um desempenho inferior ao esperado devido a falhas no sistema de pedidos ou problemas logísticos, a IA envia alertas automáticos tanto para o franqueador quanto para o franqueado, indicando o problema e propondo soluções imediatas. Esse tipo de suporte automatizado reduz significativamente o tempo de resposta, minimiza os impactos operacionais e garante que o franqueado receba assistência de forma proativa e personalizada, sem precisar esperar por uma intervenção humana.

Outro aspecto importante da comunicação eficiente entre franqueador e franqueados é a gestão de feedbacks e sugestões. As redes de fast food dependem de um fluxo constante de feedbacks para adaptar suas estratégias e melhorar suas operações. Com a IA, os franqueados podem registrar facilmente suas observações, sugestões ou preocupações diretamente na plataforma central, e a IA organiza e analisa esses dados para identificar padrões e tendências que podem ser críticos para o sucesso da rede. Por exemplo, se diversos franqueados reportam dificuldades na implementação de um novo sistema ou reclamam sobre a complexidade de um processo, a IA detecta esses padrões e gera relatórios automáticos para o franqueador. Esse sistema permite que a rede responda rapidamente às necessidades dos franqueados, ajustando estratégias e procedimentos para garantir a satisfação e o sucesso de todas as unidades.

A IA também facilita a coordenação de treinamentos e eventos de forma eficiente e personalizada. Em vez de depender de convites manuais e organização descentralizada, a IA automatiza o processo de agendamento de treinamentos, envio de materiais educativos e coordenação de eventos, adaptando a programação de acordo com as necessidades específicas de cada franqueado. Se uma unidade está tendo dificuldades em atingir suas metas, por exemplo, a IA pode recomendar sessões de treinamento específicas para essa equipe, oferecendo conteúdos customizados e horários flexíveis que se ajustam à rotina daquela unidade. Essa abordagem personalizada fortalece a relação entre o franqueador e o franqueado, mostrando que a rede está comprometida com o desenvolvimento e o sucesso contínuo de cada unidade.

A comunicação automatizada com IA também contribui para facilitar auditorias e monitoramentos de conformidade. Em redes de fast food, manter a conformidade com os padrões operacionais é essencial para assegurar a qualidade e a uniformidade do serviço. A IA monitora constantemente os processos das unidades e envia relatórios detalhados que indicam se cada unidade está seguindo os protocolos estabelecidos. Se alguma irregularidade é detectada, a IA comunica o problema automaticamente ao franqueado e sugere medidas corretivas, enquanto o franqueador também recebe um alerta para acompanhar e garantir que as ações necessárias sejam tomadas. Esse sistema reduz a necessidade de visitas físicas frequentes e garante que as unidades estejam sempre alinhadas com os padrões da marca, de maneira rápida e eficaz.

Outro benefício proporcionado pela IA é a previsão e gestão de crises, algo crucial para manter a estabilidade da rede. Com a coleta contínua de dados e o monitoramento em tempo real, a IA é capaz de prever problemas potenciais antes que eles se tornem críticos, como quedas nas vendas, problemas de abastecimento ou dificuldades na implementação de novas tecnologias. Quando esses sinais são detectados, a IA alerta tanto os franqueados quanto o franqueador, recomendando ações imediatas para evitar que esses problemas afetem as operações. Por exemplo, se a IA identifica que uma unidade está enfrentando um aumento no tempo de espera dos clientes, ela pode sugerir mudanças operacionais ou ajustes no fluxo de trabalho para corrigir o problema rapidamente.

A comunicação eficiente entre franqueador e franqueados com o uso de IA é muito mais do que um sistema de troca de informações; trata-se de uma estrutura integrada que transforma a maneira como a rede opera. Ao centralizar dados, automatizar processos e proporcionar suporte proativo, a IA garante que franqueados e franqueador trabalhem em sinergia, mantendo a consistência e a qualidade em todas as unidades da rede. Esse nível de integração e eficiência fortalece a relação entre as partes, cria um ambiente colaborativo e oferece uma base sólida para o crescimento sustentável e o sucesso contínuo da marca.

**AÇÃO PRÁTICA**

Para implementar uma comunicação eficiente entre franqueador e franqueados utilizando IA, é fundamental integrar uma plataforma de comunicação automatizada que centralize e simplifique todas as interações. A IA deve ser usada para garantir que as informações, atualizações e diretrizes sejam distribuídas de maneira rápida, precisa e uniforme para todas as unidades. Essas plataformas também devem proporcionar suporte em tempo real e permitir a análise de feedbacks para melhorar continuamente as práticas de comunicação e gestão.

Atualmente, existem diversas ferramentas de IA que suportam uma comunicação eficiente e centralizada entre franqueador e franqueados:

**Slack com AI Bots**: Slack é uma plataforma popular de comunicação empresarial que permite a integração de bots e assistentes de IA. Com essa configuração, é possível automatizar alertas, compartilhar diretrizes em tempo real e gerenciar atualizações de forma centralizada, garantindo que todos os franqueados recebam as mesmas informações de maneira eficiente.

**Microsoft Teams com Power Virtual Agents**: A integração de bots no Microsoft Teams, usando Power Virtual Agents, permite automatizar a comunicação e o suporte aos franqueados, proporcionando respostas rápidas a dúvidas frequentes e distribuindo atualizações de forma automatizada. Ideal para redes que já utilizam o ecossistema Microsoft.

**Trello com Butler (IA de automação)**: Trello pode ser utilizado para organizar tarefas, comunicações e processos entre franqueador e franqueados. O uso do bot Butler automatiza tarefas repetitivas, como o envio de notificações sobre novas diretrizes ou treinamentos, garantindo que todos estejam sempre atualizados.

**Zoho Connect**: Uma plataforma que centraliza a comunicação entre equipes e franqueados, com recursos que utilizam IA para automatizar a distribuição de informações, agendar reuniões e monitorar a adesão às diretrizes da rede. Ideal para redes que desejam criar um ambiente de colaboração digital eficiente.

**Zendesk**: Utilizado para suporte e comunicação, Zendesk utiliza IA para organizar e responder a solicitações de franqueados de forma rápida e eficiente. A plataforma pode centralizar perguntas frequentes, diretrizes e atualizações, automatizando processos e facilitando a comunicação contínua.

**Monday.com com automações AI**: Essa plataforma permite a criação de painéis personalizados que integram IA para automatizar a comunicação de tarefas e diretrizes, garantindo que os franqueados estejam sempre alinhados com as expectativas da rede. As automações permitem o envio automático de notificações e relatórios.

**Intercom**: Focado em comunicação e suporte multicanal, Intercom utiliza IA para centralizar interações e gerenciar atualizações de maneira fluida entre franqueador e franqueados. Ele permite automatizar alertas e criar bots para responder às perguntas mais comuns dos franqueados.

Implemente essas ferramentas para automatizar e melhorar a comunicação entre franqueador e franqueados. Utilize, por exemplo, **Slack com AI Bots** ou **Microsoft Teams com Power Virtual Agents** para criar canais de comunicação automatizados que enviem atualizações e informações importantes em tempo real. Com **Zendesk**, centralize perguntas e suporte, automatizando as respostas e garantindo que todos os franqueados recebam as orientações de forma ágil e consistente.

Monitore continuamente o desempenho dessas ferramentas e ajuste os fluxos de comunicação conforme necessário para garantir que as informações cheguem de maneira eficaz e uniforme a todos os franqueados. A integração da IA deve ser utilizada para otimizar os processos e melhorar a transparência e a eficiência na troca de informações, garantindo que todas as unidades estejam alinhadas e operando de acordo com os padrões estabelecidos pela rede.

 iniciais e suporte contínuo, promovendo a colaboração e a eficiência em todas as unidades da rede.

# Capítulo 10 | Treinamento e Reciclagem de Franqueados

O treinamento adequado de novos franqueados e a reciclagem constante dos franqueados atuais são pilares fundamentais para o sucesso e a longevidade de qualquer rede de fast food. A capacidade de transmitir de maneira eficaz as melhores práticas, diretrizes operacionais e valores da marca é essencial para garantir que todas as unidades ofereçam uma experiência consistente e de alta qualidade aos clientes. Tradicionalmente, o treinamento era realizado por meio de sessões presenciais, manuais extensos e visitas frequentes às unidades, o que demandava um grande investimento de tempo e recursos. Com a **Inteligência Artificial (IA)**, esse processo pode ser transformado, tornando-se mais dinâmico, personalizado e eficiente.

A implementação de **sistemas de treinamento automatizados** baseados em IA permite que a rede de fast food ofereça uma abordagem de aprendizado adaptativa, que se ajusta às necessidades e ao ritmo de cada franqueado. No caso de novos franqueados, a IA oferece um programa de introdução completo, que inclui desde módulos básicos sobre a operação da unidade e os princípios fundamentais da marca até treinamentos específicos sobre atendimento ao cliente, gestão de estoque e uso de tecnologia. A IA monitora o progresso do franqueado em tempo real, ajustando os conteúdos e o ritmo das aulas com base no desempenho e no nível de compreensão de cada um. Isso garante que o franqueado tenha uma experiência de aprendizado personalizada e eficaz, adquirindo rapidamente o conhecimento necessário para operar a unidade de forma eficiente e alinhada aos padrões da rede.

Para franqueados atuais, a IA oferece **programas de reciclagem contínua** que são adaptados às necessidades e ao histórico de cada unidade. Ao monitorar o desempenho operacional e as métricas de qualidade de cada franqueado, a IA é capaz de identificar áreas que necessitam de melhorias e de oferecer treinamentos específicos para esses pontos. Por exemplo, se uma unidade apresenta um desempenho abaixo do esperado no tempo de atendimento ou na satisfação do cliente, a IA pode recomendar e agendar automaticamente um curso focado em otimização de processos operacionais ou técnicas de atendimento ao cliente. Essa abordagem proativa permite que a rede mantenha todos os franqueados atualizados e em sintonia com as melhores práticas, garantindo uma operação eficiente e consistente em todas as unidades.

Além de personalizar o conteúdo de acordo com o perfil e as necessidades de cada franqueado, a IA também **utiliza simulações interativas** para garantir que o aprendizado seja aplicado de maneira prática e eficaz. Esses módulos de simulação recriam situações do dia a dia enfrentadas pelos franqueados, como a gestão de fluxos intensos de clientes, problemas com fornecedores ou desafios operacionais inesperados. Por meio dessas simulações, o franqueado pode praticar suas habilidades e tomar decisões em um ambiente controlado, recebendo feedbacks imediatos da IA sobre seu desempenho. Esse tipo de treinamento imersivo ajuda a preparar os franqueados para cenários reais, aumentando sua confiança e capacidade de resposta.

Um dos grandes benefícios do treinamento com IA é a **flexibilidade e acessibilidade** que ele proporciona. Os franqueados podem acessar os conteúdos a qualquer momento e de qualquer lugar, seja por meio de dispositivos móveis, computadores ou terminais específicos nas unidades. Isso facilita a adaptação do treinamento à rotina do franqueado, garantindo que ele possa aprender no ritmo que lhe for mais conveniente, sem comprometer a operação de sua unidade. Além disso, a IA permite que os franqueados revisitem conteúdos sempre que necessário, garantindo que o conhecimento esteja sempre disponível e atualizado.

A **análise de desempenho** é outra vantagem crucial que a IA traz para os programas de treinamento e reciclagem. A IA acompanha o progresso de cada franqueado ao longo do curso, identificando áreas de força e pontos que necessitam de atenção. Com base nessas análises, a IA ajusta os módulos de treinamento, focando em conteúdos que são mais relevantes para o desenvolvimento de cada franqueado. Se um franqueado demonstra dificuldades em um determinado módulo, a IA oferece explicações adicionais, vídeos de apoio ou até simulações complementares para reforçar o aprendizado. Esse nível de personalização é fundamental para garantir que todos os franqueados, novos ou antigos, alcancem um alto nível de competência operacional e estejam preparados para lidar com as demandas do negócio.

Além do treinamento técnico e operacional, a IA também permite **capacitações em gestão e liderança**. Esses módulos são desenvolvidos para ajudar franqueados a se tornarem líderes mais eficazes, com foco em habilidades como gestão de equipe, resolução de conflitos e tomada de decisões estratégicas. A IA acompanha o desenvolvimento dessas habilidades ao longo do tempo, oferecendo feedbacks e avaliações detalhadas que ajudam o franqueado a aprimorar suas capacidades gerenciais. Essa formação contínua é essencial para que os franqueados não apenas operem suas unidades com eficiência, mas também inspirem suas equipes a seguir os padrões e valores da marca.

A **reciclagem automatizada** com IA também garante que os franqueados estejam sempre atualizados com as últimas inovações e mudanças implementadas pela rede. À medida que a marca lança novos produtos, introduz tecnologias ou ajusta processos operacionais, a IA atualiza automaticamente os módulos de treinamento, garantindo que todos os franqueados tenham acesso às informações mais recentes e estejam preparados para implementar as mudanças de forma eficiente. Isso não apenas facilita a disseminação de novas práticas, mas também assegura que a marca se mantenha inovadora e competitiva no mercado.

Por fim, o sistema de treinamento com IA facilita a **criação de um ambiente colaborativo entre os franqueados**. A IA pode organizar e gerenciar fóruns e grupos de discussão onde franqueados compartilham experiências, trocam dicas e discutem desafios comuns. Esses espaços, mediados pela IA, garantem que a rede de franqueados permaneça conectada, criando uma comunidade de apoio e aprendizado contínuo. Esse tipo de interação, aliado ao suporte técnico e operacional oferecido pela IA, fortalece o senso de colaboração e unidade dentro da rede, proporcionando um crescimento conjunto e consistente.

### Ação Prática

Para implementar um sistema de treinamento e reciclagem de franqueados com o uso de IA, é essencial utilizar plataformas que automatizem e personalizem o processo de aprendizado, garantindo que o conteúdo seja adaptado às necessidades específicas de cada franqueado. A IA pode ser usada para criar cursos interativos, acompanhar o progresso dos participantes e ajustar os materiais conforme o nível de conhecimento e desempenho de cada franqueado.

Atualmente, diversas ferramentas de IA são utilizadas para otimizar o treinamento e a reciclagem de franqueados:

**Coursera for Business com IA**: Oferece uma plataforma de treinamento empresarial com cursos interativos que utilizam IA para adaptar o conteúdo e as atividades com base no progresso e nas habilidades demonstradas pelos franqueados. Ideal para redes que desejam oferecer treinamento contínuo e atualizado.

**Docebo**: Utiliza IA para personalizar o aprendizado e criar trilhas de treinamento automatizadas. A ferramenta também permite o acompanhamento em tempo real do progresso dos franqueados, identificando áreas que necessitam de atenção e oferecendo recursos adicionais para melhorar a compreensão e a aplicação prática do conteúdo.

**TalentLMS com Learning Paths Automatizados**: Uma plataforma flexível que usa IA para criar e ajustar trilhas de aprendizado conforme o progresso dos franqueados. Com a funcionalidade de quizzes automáticos e feedback em tempo real, a ferramenta garante que os franqueados estejam sempre evoluindo e recebendo os treinamentos de forma personalizada.

**SAP Litmos**: Um sistema de gestão de aprendizado (LMS) que utiliza IA para monitorar o progresso dos franqueados, personalizar cursos e gerar relatórios detalhados sobre o desempenho dos participantes. A plataforma também permite a criação de módulos interativos que engajam os franqueados e garantem a aplicação prática dos conceitos aprendidos.

**EdApp**: Oferece uma plataforma de microlearning que utiliza IA para criar conteúdo de aprendizado em pequenos módulos, facilitando a absorção e a retenção de informações pelos franqueados. A plataforma ajusta o conteúdo conforme a performance dos usuários, oferecendo material adicional para reforçar o aprendizado.

**Cornerstone OnDemand**: Utiliza machine learning para personalizar programas de treinamento e desenvolvimento, monitorando o progresso dos franqueados e recomendando novos cursos e módulos baseados nas necessidades específicas de cada um. Ideal para redes que buscam um desenvolvimento contínuo e adaptável.

**LearnUpon**: Uma plataforma LMS que integra IA para automatizar o processo de aprendizado, desde a criação de cursos até o monitoramento do progresso dos franqueados. Com funcionalidades de personalização, a plataforma ajusta o conteúdo e oferece suporte para maximizar o engajamento e a retenção do aprendizado.

Implemente essas ferramentas para criar um programa de treinamento automatizado e eficiente para os franqueados. Utilize, por exemplo, **Docebo** para acompanhar o progresso dos participantes e ajustar os cursos conforme necessário, ou **SAP Litmos** para criar módulos interativos que envolvam os franqueados e garantam que os conceitos sejam aplicados corretamente. Com **EdApp**, ofereça conteúdos em microlearning, facilitando o aprendizado em pequenos blocos que podem ser acessados de forma rápida e prática.

Monitore continuamente o progresso e o desempenho dos franqueados com relatórios gerados automaticamente pelas plataformas, e ajuste os treinamentos para garantir que todos estejam alinhados com os padrões e objetivos da rede. Aproveite a capacidade da IA para personalizar o aprendizado e oferecer suporte contínuo, criando uma experiência de treinamento que evolui conforme as necessidades e o desempenho dos franqueados, garantindo um desenvolvimento eficaz e consistente.

# Capítulo 11 | Avaliação de Performance da Unidade Franqueada e do Franqueado

Avaliar a performance das unidades franqueadas e dos franqueados é essencial para garantir a consistência, a eficiência e o crescimento sustentável de uma rede de fast food. No entanto, monitorar e medir o desempenho de forma precisa e contínua pode ser um desafio significativo, especialmente em redes com um grande número de unidades dispersas geograficamente. A **Inteligência Artificial (IA)** oferece uma solução inovadora para esse desafio, proporcionando um sistema de avaliação automatizado e baseado em dados, que permite uma visão clara e detalhada sobre o funcionamento de cada unidade e o desempenho de cada franqueado. Essa abordagem permite que a rede de fast food reaja rapidamente a problemas, reconheça e promova boas práticas, e tome decisões estratégicas informadas para sustentar seu crescimento.

Com a IA, a **avaliação de performance** é feita em tempo real, coletando e analisando uma vasta gama de métricas operacionais e comportamentais. Entre os indicadores mais críticos monitorados estão as vendas diárias e mensais, o tempo de atendimento, a eficiência na gestão de estoque, o feedback dos clientes e a aderência aos protocolos de qualidade e segurança. Ao integrar esses dados em uma plataforma centralizada, a IA oferece uma visão precisa e detalhada da operação de cada unidade, permitindo que franqueador e franqueado tenham acesso imediato às informações mais relevantes para a gestão do negócio. Essa centralização não apenas facilita o monitoramento, mas também cria um sistema de transparência que fortalece a relação de confiança entre as partes.

A IA também é capaz de identificar **padrões e anomalias** nos dados operacionais, sinalizando quando uma unidade está se destacando ou, inversamente, quando apresenta problemas que exigem intervenção. Por exemplo, se uma unidade começa a apresentar um tempo de atendimento superior ao padrão estabelecido, a IA emite alertas automáticos tanto para o franqueador quanto para o franqueado, recomendando ações específicas para resolver a questão. Da mesma forma, quando uma unidade demonstra um desempenho excepcional em termos de satisfação do cliente ou aumento nas vendas, a IA registra esses resultados e compartilha essas boas práticas com toda a rede. Essa capacidade de detectar e responder a padrões em tempo real permite que a rede mantenha uma operação eficiente e coerente em todas as suas unidades.

Além de monitorar métricas operacionais, a IA também avalia o **desempenho individual do franqueado**, levando em conta fatores como a capacidade de liderança, o engajamento da equipe e a implementação de estratégias de marketing e gestão. A plataforma de IA pode incluir questionários e avaliações automáticas para medir o nível de engajamento dos franqueados com as iniciativas da rede, identificando aqueles que precisam de suporte adicional ou que se destacam e podem ser exemplos para os demais. Ao coletar esses dados, a IA consegue traçar um perfil detalhado de cada franqueado, destacando suas forças e áreas de desenvolvimento, o que permite uma abordagem mais personalizada para cada um, com treinamentos específicos ou orientações para aprimorar suas habilidades.

Outro benefício significativo da avaliação de performance com IA é a **previsibilidade** que ela proporciona. Ao analisar dados históricos e atuais, a IA consegue prever o desempenho futuro de cada unidade, considerando variáveis como sazonalidade, mudanças econômicas locais ou eventos regionais. Essa capacidade preditiva é essencial para que tanto o franqueador quanto o franqueado possam antecipar demandas, ajustar estratégias e garantir que a unidade esteja preparada para os desafios e oportunidades que surgirem. Por exemplo, se a IA identifica que uma determinada unidade tende a ter um aumento significativo nas vendas durante um evento sazonal, ela pode sugerir ao franqueado que prepare um estoque adicional e ajuste as escalas de funcionários para atender ao aumento de demanda, maximizando assim os resultados.

A IA também permite que a **avaliação de performance seja comparativa**, oferecendo benchmarks para que cada unidade e franqueado se posicionem em relação à média da rede. Isso cria um sistema saudável de competitividade, onde os franqueados são incentivados a buscar a excelência e a implementar as melhores práticas para atingir ou superar as metas estabelecidas. Além disso, esse sistema de comparação ajuda a identificar as unidades que estão enfrentando dificuldades e que precisam de suporte adicional, permitindo que a rede atue de forma proativa para oferecer soluções específicas, como treinamentos, orientações operacionais ou ajustes em processos.

A **transparência** gerada pela IA é outro ponto fundamental na avaliação de performance. Com todos os dados centralizados e acessíveis por meio de relatórios interativos, tanto o franqueador quanto o franqueado têm acesso às mesmas informações, eliminando dúvidas e promovendo um ambiente de confiança e colaboração.

Esse sistema de avaliação compartilhada permite que ambas as partes trabalhem juntas para melhorar a operação, identificando e implementando as melhores práticas de forma colaborativa.

Além de avaliar as unidades individualmente, a IA também oferece uma **visão macro** do desempenho da rede como um todo. Ela agrega e analisa os dados de todas as unidades, identificando tendências gerais que podem impactar o crescimento e a sustentabilidade da marca. Por exemplo, se a IA detecta que várias unidades estão enfrentando problemas semelhantes, como dificuldades no tempo de atendimento ou inconsistências no estoque, ela pode sugerir estratégias globais para abordar essas questões, como o lançamento de um novo módulo de treinamento ou a revisão de processos operacionais. Essa visão global permite que o franqueador tome decisões estratégicas baseadas em dados concretos, garantindo que a rede cresça de maneira coesa e sustentável.

A IA é capaz de **recompensar e reconhecer** franqueados que demonstram excelência em suas operações, incentivando a melhoria contínua. Quando um franqueado atinge ou supera consistentemente as metas de vendas, satisfação do cliente ou eficiência operacional, a plataforma de IA pode destacar esses resultados e sugerir recompensas, como incentivos financeiros ou reconhecimento público, criando uma cultura de valorização e motivação. Isso não apenas incentiva a excelência, mas também estabelece um padrão a ser seguido pelos demais franqueados, fortalecendo a cultura de alta performance em toda a rede.

**Ação Prática**

Para implementar um sistema eficaz de avaliação de performance das unidades franqueadas e dos franqueados utilizando IA, é fundamental adotar plataformas que monitorem automaticamente diversos indicadores de desempenho em tempo real, como vendas, satisfação do cliente, conformidade operacional e eficiência de processos. Essas plataformas também devem integrar análises preditivas que permitem identificar tendências e ajustar ações proativas para melhorar o desempenho.

Atualmente, diversas ferramentas de IA são amplamente utilizadas para otimizar a avaliação de performance de unidades franqueadas e franqueados:

**Tableau com AI Analytics**: Oferece visualização e análise de dados com funcionalidades de IA que identificam padrões e tendências, gerando insights automáticos sobre o desempenho das unidades. Ideal para franqueadores que desejam monitorar em tempo real indicadores como vendas, fluxo de clientes e eficiência operacional.

**Power BI com IA**: Integrando machine learning e algoritmos preditivos, o Power BI permite que franqueadores criem relatórios automáticos que analisam a performance de cada unidade e franqueado, sugerindo ajustes para otimizar os resultados e identificar oportunidades de melhoria.

**IBM Cognos Analytics**: Utiliza IA para avaliar indicadores de desempenho, gerar relatórios customizados e criar alertas automáticos sobre desvios nos padrões operacionais das unidades franqueadas. A ferramenta é altamente configurável, permitindo um monitoramento preciso de diversas métricas relevantes.

**Zoho Analytics**: Oferece integração com diferentes fontes de dados para monitorar a performance das unidades franqueadas, com capacidades de IA que permitem prever padrões e ajustar ações para maximizar a eficiência e a satisfação do cliente.

**SAP SuccessFactors**: Utilizado para avaliação e monitoramento de performance, o SAP SuccessFactors integra IA para gerar relatórios detalhados sobre o desempenho de franqueados, ajustando metas e sugerindo treinamentos específicos para otimizar a performance individual.

**Google Cloud AI para Avaliação de Performance**: Permite a criação de soluções personalizadas para monitorar indicadores-chave de desempenho (KPIs) e analisar tendências com base em dados históricos e em tempo real. Com essa ferramenta, os franqueadores podem ajustar estratégias com base em análises preditivas precisas.

**Workday Adaptive Planning**: Oferece soluções para planejamento e análise financeira com IA, ajudando as redes a monitorar a rentabilidade e o desempenho das unidades. A ferramenta gera relatórios automatizados que destacam as áreas com melhores e piores resultados, sugerindo ações corretivas ou oportunidades de crescimento.

Implemente essas ferramentas para avaliar e monitorar a performance das unidades franqueadas de forma automatizada e precisa. Utilize, por exemplo, **Tableau com AI Analytics** ou **Power BI com IA** para centralizar dados e criar dashboards que mostram, em tempo real, os indicadores mais importantes, como vendas, tempo de atendimento e satisfação dos clientes. Com **IBM Cognos Analytics**, configure alertas automáticos para identificar rapidamente desvios operacionais e agir proativamente para corrigir problemas antes que se tornem críticos.

Monitore continuamente os dados e ajusta as estratégias conforme necessário. Utilize os insights gerados pelas ferramentas para definir metas específicas para cada unidade e franqueado, personalizando os planos de ação para garantir que todas as unidades estejam alinhadas aos objetivos da rede e operando em seu máximo potencial. A IA deve ser utilizada para prever possíveis desafios e oportunidades, permitindo que a rede adapte suas práticas de gestão de performance de forma ágil e eficaz.

# Capítulo 12 | O Caminho Para o Compromisso Ambiental, Social e de Governança - ESG

As redes de fast food, tradicionalmente associadas à conveniência e à rapidez, enfrentam atualmente uma pressão crescente para se adaptarem às práticas sustentáveis e responsáveis. Em um mundo onde os consumidores valorizam cada vez mais marcas que demonstram compromisso com questões ambientais, sociais e de governança (ESG), as redes que integram esses princípios em suas operações ganham vantagem competitiva e fortalecem sua imagem no mercado. A **Inteligência Artificial (IA)** surge como uma ferramenta crucial para essas redes implementarem práticas sustentáveis de maneira eficiente, possibilitando um controle preciso e automatizado de diversos aspectos operacionais que impactam diretamente o consumo de energia, a gestão de resíduos e a responsabilidade socioambiental.

A eficiência energética é um dos pontos centrais onde a IA pode fazer a diferença nas operações de fast food. Com sistemas que monitoram e analisam em tempo real o consumo de energia de cada unidade, a IA permite que as redes identifiquem os momentos de maior uso e ajustem automaticamente as configurações dos equipamentos para minimizar desperdícios. Por exemplo, os sistemas de IA podem monitorar o funcionamento de fornos, geladeiras, exaustores e outros aparelhos críticos, ajustando automaticamente sua potência ou desligando-os durante períodos de menor demanda. Esse nível de controle automatizado não só reduz os custos operacionais, mas também ajuda a diminuir a pegada de carbono da rede, alinhando-se às metas de sustentabilidade que muitas marcas estão buscando alcançar.

Além disso, a IA permite que as redes de fast food otimizem suas **estratégias de climatização** e iluminação, que são grandes consumidores de energia. Ao integrar dados sobre clima, ocupação e horários de pico, a IA ajusta a temperatura interna e a iluminação de acordo com as necessidades reais da unidade, garantindo conforto aos clientes e funcionários sem desperdício energético. Por exemplo, em dias de maior calor, a IA pode prever o aumento da demanda por climatização e ajustar a intensidade dos aparelhos de ar condicionado de forma gradual, evitando picos de consumo e mantendo a eficiência. Essa abordagem não apenas garante uma operação mais sustentável, mas também proporciona economia significativa, algo essencial para redes que operam em várias localidades e enfrentam custos altos de energia.

A **gestão de resíduos** é outra área em que a IA pode transformar a operação de redes de fast food, promovendo a responsabilidade socioambiental. Ao monitorar o consumo de insumos e a produção de resíduos em tempo real, a IA identifica padrões e propõe soluções para minimizar desperdícios. Por exemplo, a tecnologia pode analisar as sobras de alimentos e indicar ajustes no processo de preparo ou no estoque, garantindo que a quantidade de ingredientes utilizados esteja sempre alinhada à demanda. Além disso, a IA pode monitorar a quantidade de lixo gerado e propor práticas de reciclagem ou compostagem que sejam eficientes e econômicas. Ao integrar essas soluções, as redes de fast food não só reduzem o impacto ambiental de suas operações, mas também se alinham às exigências de consumidores que buscam marcas comprometidas com práticas sustentáveis.

A **otimização logística** com IA também desempenha um papel crucial na sustentabilidade das redes de fast food. Ao gerenciar a cadeia de suprimentos com base em dados preditivos, a IA é capaz de planejar rotas de entrega que minimizem o consumo de combustível e o tempo de transporte, reduzindo as emissões de $CO_2$ associadas à logística. Além disso, a IA pode ajustar o estoque de cada unidade de acordo com a demanda prevista, evitando desperdícios e garantindo que os produtos estejam sempre frescos e prontos para consumo. Isso não só reduz o desperdício de alimentos, mas também garante que os processos logísticos operem com máxima eficiência, impactando positivamente a pegada ambiental da rede.

Outro aspecto importante que a IA auxilia é o **monitoramento de conformidade com as práticas ESG**. As redes de fast food, ao se comprometerem com padrões ambientais, sociais e de governança, precisam garantir que todas as unidades sigam rigorosamente as diretrizes estabelecidas. A IA permite que essas diretrizes sejam integradas aos sistemas operacionais, monitorando se as práticas sustentáveis estão sendo implementadas corretamente em cada unidade. Por exemplo, a tecnologia pode avaliar se os níveis de consumo de água e energia estão dentro dos limites estabelecidos pela política de sustentabilidade da rede e alertar automaticamente quando há desvios. Além disso, ela pode registrar os esforços feitos pelas unidades para reduzir seu impacto ambiental, gerando relatórios automáticos que comprovam o cumprimento das metas ESG. Esse monitoramento contínuo garante que a marca mantenha sua reputação de responsabilidade e transparência, algo fundamental para ganhar a confiança dos consumidores e investidores.

A **transparência** proporcionada pela IA também permite que as redes de fast food comuniquem de maneira clara e eficaz seus esforços e avanços em sustentabilidade. Com todos os dados centralizados e analisados pela IA, a rede é capaz de gerar relatórios detalhados que demonstram como suas operações estão se adaptando para minimizar o impacto ambiental e contribuir para a sociedade. Esses relatórios não só fortalecem a imagem da marca junto aos consumidores, mas também são essenciais para atrair investidores e parceiros que buscam empresas alinhadas aos princípios ESG. A IA, ao facilitar essa comunicação transparente, garante que os esforços da rede sejam reconhecidos e valorizados no mercado.

A IA também permite a **criação de programas de engajamento e conscientização** para clientes e funcionários, incentivando o comportamento sustentável dentro e fora das unidades. A tecnologia pode ser usada para personalizar campanhas de conscientização sobre reciclagem, economia de energia e desperdício de alimentos, ajustando as mensagens de acordo com o perfil e o comportamento de cada grupo. Por exemplo, clientes que utilizam o aplicativo da rede podem receber incentivos, como descontos, ao optar por opções de embalagem sustentável ou ao participar de programas de redução de resíduos. Para os funcionários, a IA pode oferecer treinamentos específicos que ensinem como aplicar práticas sustentáveis em suas tarefas diárias, desde a gestão de resíduos até a otimização de processos que economizam recursos.

Um dos avanços mais promissores que a IA traz para as redes de fast food é a **capacidade de inovar em soluções**

**sustentáveis**, como a introdução de tecnologias de energia renovável. A IA pode avaliar a viabilidade da instalação de sistemas como painéis solares ou de energia eólica em determinadas unidades, com base na localização e nos padrões de consumo de energia. Além disso, ao integrar esses sistemas com os algoritmos de gestão de energia, a IA é capaz de ajustar o uso de energia renovável de maneira otimizada, maximizando os benefícios e reduzindo ainda mais o impacto ambiental. Essa combinação de análise de viabilidade e gestão automatizada permite que as redes se tornem pioneiras em práticas sustentáveis, diferenciando-se no mercado e conquistando a confiança de consumidores e investidores que valorizam a responsabilidade socioambiental.

Por fim, a IA transforma a maneira como as redes de fast food **medem e comunicam seu impacto ambiental**. A tecnologia permite que cada ação seja monitorada e avaliada em termos de redução de emissões, consumo de recursos e contribuição social, gerando métricas precisas que podem ser usadas para ajustar práticas e definir novas metas. Essas métricas, quando compartilhadas de forma transparente, não apenas demonstram os avanços da rede em sustentabilidade, mas também criam um ambiente de responsabilização, onde cada unidade e cada colaborador entendem o papel que desempenham na construção de uma operação mais responsável.

### Ação Prática

Para implementar a eficiência energética e a responsabilidade socioambiental nas redes de fast food utilizando IA, é essencial adotar plataformas que monitorem o consumo de energia, água e outros recursos em tempo real, e que proponham ajustes automáticos para reduzir desperdícios e melhorar a sustentabilidade. Essas plataformas também devem ser capazes de analisar dados históricos e prever padrões de consumo, ajudando a rede a alinhar suas operações aos princípios de ESG (Environmental, Social, and Governance).

Atualmente, diversas ferramentas de IA são amplamente utilizadas para monitorar e otimizar a eficiência energética e a sustentabilidade:

**Siemens Energy Manager Pro**: Essa solução utiliza IA para monitorar o consumo de energia em tempo real e analisar padrões, propondo ajustes automáticos para reduzir desperdícios. É ideal para redes que buscam gerenciar múltiplas unidades e precisam de uma visão centralizada sobre o uso de energia e a eficiência operacional.

**IBM Environmental Intelligence Suite**: Oferece uma plataforma completa para monitorar e gerenciar impactos ambientais, como emissões de carbono, consumo de água e energia. Utiliza IA para prever picos de consumo e otimizar o uso de recursos, garantindo que a operação esteja alinhada às metas de sustentabilidade.

**Microsoft Azure IoT Central**: Utiliza algoritmos de IA para monitorar a eficiência energética e prever demandas futuras com base em dados históricos e em tempo real. A plataforma é flexível e permite a integração com sensores que coletam informações sobre consumo de energia e outras métricas ambientais, automatizando ajustes para reduzir desperdícios.

**Google Cloud Sustainability AI**: Parte da Google Cloud Platform, essa ferramenta oferece soluções que integram IA para monitorar e otimizar a eficiência energética, bem como para avaliar e reduzir as emissões de carbono. A plataforma utiliza análises preditivas para ajustar automaticamente o consumo de energia das unidades e minimizar o impacto ambiental.

**Enel X Energy Management**: Uma solução de gestão de energia que utiliza IA para monitorar e otimizar o uso de eletricidade em tempo real. Ideal para redes que desejam centralizar a gestão de eficiência energética e implementar práticas sustentáveis em escala global.

**Schneider Electric EcoStruxure**: Oferece uma abordagem integrada de gestão de energia com suporte de IA monitorando recursos como energia, água e gás. A ferramenta identifica oportunidades de economia e automação, além de fornecer relatórios detalhados para acompanhamento das metas ESG.

**Johnson Controls OpenBlue**: Utiliza IA para otimizar a climatização, iluminação e o consumo de energia das unidades de fast food, garantindo um ambiente eficiente e sustentável. A ferramenta também gera relatórios automáticos sobre a performance ambiental de cada unidade.

**Honeywell Forge Energy Optimization**: Focada em soluções de eficiência energética, essa ferramenta usa IA para monitorar, ajustar e otimizar o consumo de energia em tempo real, reduzindo desperdícios e garantindo que as operações sejam mais sustentáveis e alinhadas com as metas ESG.

Implemente essas ferramentas para garantir uma gestão eficiente e sustentável dos recursos nas unidades da rede. Utilize, por exemplo, **Siemens Energy Manager Pro** ou **IBM Environmental Intelligence Suite** para monitorar o consumo de energia e água, ajustando automaticamente os níveis de uso com base na demanda e nas condições externas, como clima e ocupação. Com **Schneider Electric EcoStruxure**, centralize a gestão ambiental e monitore continuamente os impactos das operações, gerando relatórios automáticos para medir o progresso das metas de sustentabilidade.

Monitore os dados de desempenho ambiental e ajuste as operações com base nos insights gerados pela IA. Utilize esses insights para prever picos de consumo e adaptar as práticas de maneira eficiente, garantindo que a operação se mantenha alinhada com as metas de ESG. Configure alertas automáticos para agir rapidamente quando desvios nos padrões de consumo forem detectados, otimizando continuamente a eficiência energética e a responsabilidade socioambiental da rede.

# Capítulo 13 | Avaliação e Monitoramento Contínuo

A avaliação e o monitoramento contínuos são pilares essenciais para a eficiência e a sustentabilidade de redes de fast food que buscam se adaptar rapidamente às dinâmicas do mercado e às necessidades dos consumidores. Com a **Inteligência Artificial (IA)**, a forma como essas redes gerenciam e avaliam suas operações é completamente transformada. A IA proporciona um sistema contínuo e autônomo que se ajusta ao ambiente operacional em tempo real, criando um modelo de gestão flexível e responsivo. Em vez de depender de avaliações periódicas que muitas vezes não refletem o cenário atual da unidade, a IA oferece uma visão constante e detalhada de todos os processos, ajudando a garantir que cada operação funcione de forma ideal.

O uso da IA no monitoramento contínuo proporciona a **integração de múltiplas fontes de dados** que incluem, mas não se limitam, a feedbacks de clientes, indicadores de qualidade de alimentos e desempenho de equipamentos de cozinha. Essa integração permite que o franqueador obtenha uma visão precisa e dinâmica sobre como os diversos aspectos da operação se interconectam e influenciam uns aos outros. Por exemplo, se o sistema detecta que um equipamento de cozinha está operando fora dos padrões ideais de temperatura, ele não só alerta a equipe responsável para realizar a manutenção, mas também analisa o impacto potencial disso na qualidade dos alimentos preparados e na experiência do cliente.

O diferencial do monitoramento contínuo com IA está na sua **capacidade de adaptação e aprendizado**. À medida que a tecnologia coleta mais dados e interage com a rede, ela se torna mais precisa em suas previsões e recomendações. Por exemplo, se uma unidade frequentemente apresenta picos de vendas em horários específicos, a IA aprende esses padrões e ajusta as operações de acordo, sugerindo mudanças automáticas nas escalas de equipe ou na preparação de alimentos para atender melhor a essa demanda. Esse tipo de ajuste adaptativo é essencial para que as redes de fast food consigam otimizar seus processos de forma rápida e eficiente, respondendo não apenas a eventos previstos, mas também a situações emergenciais.

O monitoramento contínuo com IA também se diferencia pela sua **capacidade de prever e gerenciar riscos** antes que se tornem problemas críticos. A tecnologia analisa dados históricos, comparando-os com os padrões atuais de desempenho e identificando sinais de alerta. Por exemplo, se uma unidade apresenta um aumento nos tempos de espera ou um volume maior de feedbacks negativos dos clientes, a IA avalia essas informações em conjunto e emite alertas que orientam a equipe a tomar ações corretivas. Ao prever esses riscos e sugerir soluções, a IA ajuda a manter a operação dentro dos padrões de qualidade exigidos pela marca e previne crises que poderiam afetar a reputação e os resultados financeiros da unidade.

Uma das características mais exclusivas do monitoramento contínuo com IA é a **avaliação em tempo real da eficiência energética e do uso de recursos**. Além de monitorar o desempenho das operações e o comportamento do cliente, a IA acompanha o consumo de energia e o uso de equipamentos nas unidades. Isso é fundamental para redes que buscam não apenas maximizar sua eficiência operacional, mas também reduzir custos e adotar práticas mais sustentáveis. Com dados precisos sobre o consumo de energia e a eficiência dos equipamentos, a IA pode sugerir ajustes, como a otimização de horários de operação de aparelhos ou a implementação de tecnologias mais eficientes. Isso não apenas reduz o impacto ambiental, mas também resulta em economias significativas para a rede, aumentando a margem de lucro.

A **customização das métricas** também é um ponto chave no monitoramento contínuo com IA. Diferente de abordagens tradicionais que aplicam um conjunto fixo de métricas a todas as unidades, a IA permite que cada unidade seja avaliada de acordo com suas características específicas. Isso é particularmente relevante em redes que operam em diversas localidades e lidam com diferentes perfis de clientes e condições de mercado. Por exemplo, uma unidade em uma área metropolitana movimentada pode ter metas e padrões de atendimento diferentes de uma unidade em uma área rural. A IA ajusta as métricas e benchmarks com base no contexto local, oferecendo uma avaliação precisa que leva em consideração as particularidades de cada unidade. Esse tipo de personalização garante que o monitoramento seja relevante e que as ações sugeridas pela IA sejam específicas e aplicáveis ao cenário da unidade, aumentando a eficácia das intervenções.

O monitoramento contínuo com IA também facilita a **integração de novas tecnologias e práticas operacionais** de maneira fluida e sem interrupções. Quando uma rede decide implementar uma nova tecnologia, como um sistema de pedidos automatizado ou novos equipamentos de cozinha, a IA monitora a implementação e o impacto dessas mudanças em tempo real, avaliando se as novas práticas estão de fato melhorando a eficiência ou se ajustes adicionais são necessários. Essa capacidade de avaliação contínua durante e após a implementação de novas tecnologias garante que a rede aproveite ao máximo os investimentos feitos em inovação, ajustando rapidamente qualquer aspecto que não esteja funcionando conforme planejado.

A **análise de impacto** é outra funcionalidade única que a IA oferece no monitoramento contínuo. Quando há uma mudança significativa nas operações, como uma nova política de marketing ou a introdução de um novo item no menu, a IA monitora como essas alterações afetam todos os aspectos do negócio, desde o comportamento dos clientes até o fluxo operacional nas cozinhas. Por exemplo, se uma promoção sazonal atrai um volume maior de clientes do que o esperado, a IA analisa os impactos positivos e negativos, como o aumento nas vendas versus o aumento no tempo de espera, e sugere otimizações que garantam que a promoção continue sendo vantajosa. Esse tipo de análise integrada ajuda a rede a tomar decisões mais informadas e a ajustar estratégias com base em dados concretos, garantindo que qualquer mudança feita seja sustentada por um desempenho sólido.

O monitoramento contínuo com IA é uma ferramenta revolucionária para redes de fast food, permitindo que a gestão seja proativa, adaptativa e altamente responsiva. A capacidade de integrar múltiplas fontes de dados, prever riscos, ajustar operações em tempo real e analisar impactos de forma detalhada garante que as redes operem com uma eficiência que seria impossível de alcançar com métodos tradicionais. A IA transforma o monitoramento em um processo dinâmico, que não apenas reage a problemas, mas antecipa demandas e oportunidades, garantindo que as redes de fast food estejam sempre um passo à frente em um mercado competitivo.

## Ação Prática

Para implementar um sistema eficaz de avaliação e monitoramento contínuo utilizando IA, é essencial adotar plataformas que permitam o acompanhamento em tempo real dos principais indicadores operacionais, como vendas, eficiência energética, níveis de estoque e qualidade do atendimento. Essas plataformas devem ser capazes de coletar, processar e analisar grandes volumes de dados, oferecendo insights automáticos e previsões que possibilitem ajustes proativos e manutenção da qualidade operacional em todas as unidades.

Atualmente, existem diversas ferramentas de IA que suportam a avaliação e monitoramento contínuo de forma eficaz:

**IBM Watson Studio**: Oferece uma plataforma completa de análise e monitoramento contínuo, utilizando machine learning para identificar padrões de desempenho e prever falhas operacionais. Ideal para redes que buscam uma solução integrada para monitorar diversos aspectos, como vendas, estoques e eficiência energética.

**Microsoft Azure Monitor**: Utiliza IA para coletar e analisar dados em tempo real, gerando insights automáticos sobre o desempenho das unidades e permitindo que os gestores ajustem rapidamente suas estratégias operacionais. A ferramenta é personalizável e pode monitorar uma ampla gama de KPIs (Indicadores-Chave de Desempenho).

**Google Cloud Monitoring**: Parte da Google Cloud Platform, essa ferramenta utiliza algoritmos de IA para monitorar o desempenho das unidades e gerar relatórios automáticos sobre a eficiência das operações, ajudando a identificar áreas que precisam de melhorias imediatas.

**Splunk**: Utiliza IA para processar grandes volumes de dados operacionais e gerar alertas automáticos quando há desvios nos padrões. É ideal para redes que desejam um monitoramento detalhado, com visualizações em tempo real que facilitam a tomada de decisão.

**Tableau com IA**: Tableau integra IA para oferecer visualizações dinâmicas e interativas que mostram a performance das unidades em tempo real. Com funcionalidades que utilizam machine learning, a ferramenta pode prever tendências e sugerir ajustes para otimizar operações e melhorar o desempenho geral.

**Oracle Analytics Cloud**: Oferece um conjunto de soluções com IA para monitorar e analisar continuamente as operações de rede, fornecendo relatórios automatizados e personalizáveis que destacam áreas críticas e sugerem ações para otimizar o desempenho.

**SAP Predictive Analytics**: Utiliza machine learning para prever eventos e otimizar processos, ajudando as redes a monitorar continuamente o desempenho das unidades. A ferramenta gera insights automatizados que permitem ajustes proativos e monitoramento constante de KPIs específicos.

**Zoho Analytics**: Uma plataforma flexível que utiliza IA para monitorar e gerar relatórios automáticos sobre o desempenho das unidades. Ideal para redes que buscam uma solução integrada e personalizável para monitoramento contínuo e análise de tendências.

Implemente essas ferramentas para garantir um monitoramento constante e automatizado das operações. Utilize, por exemplo, **Microsoft Azure Monitor** para centralizar e analisar dados em tempo real, identificando rapidamente quaisquer variações que possam afetar a eficiência e a qualidade do serviço. Com **Google Cloud Monitoring**, integre a coleta de dados operacionais de todas as unidades, criando uma visão centralizada que facilita a gestão e a adaptação rápida às necessidades específicas de cada localidade.

Monitore continuamente os dados e ajuste as operações com base nos insights automáticos gerados pelas ferramentas de IA. Utilize essas análises para prever possíveis desafios e oportunidades, permitindo que as redes se adaptem de forma ágil e eficaz, garantindo um desempenho consistente e de alta qualidade. Configure alertas automáticos para agir proativamente quando necessário, mantendo a operação alinhada aos padrões estabelecidos e garantindo a satisfação dos clientes em todas as unidades da rede.

# CAPÍTULO 14 | DESAFIOS E CONSIDERAÇÕES PARA IMPLEMENTAR IA NAS REDES DE FAST FOOD

A implementação da **Inteligência Artificial (IA)** nas redes de fast food representa uma revolução em termos de eficiência, personalização e inovação. No entanto, embora a IA ofereça inúmeras oportunidades de otimização, seu uso também traz uma série de desafios que precisam ser enfrentados com planejamento e adaptação cuidadosa. A adoção de tecnologia avançada em um setor tão dinâmico e competitivo exige que as redes de fast food compreendam as implicações e considerações envolvidas, para que possam tirar o máximo proveito dos recursos sem comprometer a qualidade do serviço, a experiência do cliente ou a estrutura operacional.

Um dos primeiros desafios a ser considerado é o **custo inicial e a complexidade de implementação**. A integração de sistemas de IA em redes de fast food requer investimentos significativos, tanto em infraestrutura quanto em treinamento de pessoal. A instalação de quiosques automatizados, sensores para monitoramento de estoque e equipamentos de cozinha conectados são exemplos de recursos que exigem não apenas capital, mas também um planejamento minucioso para garantir que tudo funcione de maneira coesa. Para muitas redes, especialmente aquelas com uma estrutura mais tradicional ou que operam com margens de lucro mais apertadas, esse investimento inicial pode parecer proibitivo. A complexidade técnica de integrar todos esses sistemas de maneira eficaz também não deve ser subestimada. A falta de expertise técnica dentro da equipe da franquia pode dificultar o processo, exigindo consultoria externa e parcerias com empresas especializadas para garantir que a tecnologia seja implementada de forma correta e que os sistemas funcionem de maneira integrada.

Outro desafio crítico é a **gestão e segurança dos dados coletados**. Com a introdução de sistemas de IA, as redes de fast food passam a coletar uma quantidade significativa de informações sobre os clientes, suas preferências e seus comportamentos de compra. Embora esses dados sejam valiosos para personalizar o atendimento e melhorar a eficiência operacional, eles também trazem riscos associados à privacidade e à segurança. Redes de fast food precisam estar atentas às regulamentações sobre proteção de dados e garantir que todos os sistemas estejam em conformidade com legislações como o GDPR na Europa ou a CCPA nos Estados Unidos. A implementação de protocolos de segurança robustos e a criptografia de informações sensíveis são medidas essenciais para evitar violações e garantir a confiança dos clientes. Além disso, o armazenamento e o gerenciamento desses dados exigem a criação de políticas claras sobre como as informações serão utilizadas, com o objetivo de preservar a integridade e a privacidade dos consumidores.

A **aceitação e adaptação por parte dos funcionários** é outro aspecto que as redes de fast food precisam abordar ao implementar a IA. A introdução de sistemas automatizados pode gerar resistência, especialmente entre colaboradores que temem que a automação substitua seus empregos. É essencial que as redes comuniquem de forma transparente que a tecnologia não tem como objetivo eliminar postos de trabalho, mas sim otimizar operações e melhorar a qualidade do serviço, oferecendo suporte para que os funcionários se concentrem em tarefas que realmente exigem um toque humano. Investir em treinamento e capacitação contínua é fundamental para garantir que os funcionários se sintam preparados e valorizados no novo ambiente de trabalho. Ao envolver os colaboradores no processo de implementação e proporcionar-lhes as ferramentas e o conhecimento necessários, as redes conseguem mitigar resistências e fomentar uma cultura de inovação e aceitação da tecnologia.

A **adaptação dos clientes à tecnologia** também deve ser levada em conta. Embora muitos consumidores estejam cada vez mais familiarizados com o uso de aplicativos móveis e quiosques de autoatendimento, ainda há uma parcela significativa do público que prefere o contato humano ou que tem dificuldade em lidar com interfaces tecnológicas. É crucial que as redes de fast food implementem um sistema de IA que seja intuitivo e fácil de usar, proporcionando uma transição suave entre o atendimento tradicional e os novos métodos automatizados. Oferecer suporte no local, como assistentes para ajudar os clientes que não estão acostumados com a tecnologia, é uma estratégia que pode facilitar a adaptação e garantir que a experiência do cliente seja positiva. Além disso, coletar feedbacks constantes dos consumidores e ajustar as interfaces e funcionalidades dos sistemas de IA com base nessas informações é uma prática que ajuda a melhorar continuamente a experiência e a aceitação do público.

Outro desafio importante é a **manutenção e atualização dos sistemas de IA**. Como qualquer tecnologia, os sistemas de IA precisam ser atualizados regularmente para se manterem eficazes e seguros. Isso requer um planejamento contínuo e um orçamento que considere as necessidades de manutenção, suporte técnico e atualizações de software. As redes que não conseguem gerenciar esses aspectos de forma eficaz podem enfrentar problemas como falhas operacionais, vulnerabilidades de segurança e perda de eficiência, comprometendo o retorno do investimento feito na tecnologia. É essencial que as redes estabeleçam parcerias com provedores de tecnologia que ofereçam suporte contínuo e que sejam proativos na identificação de possíveis falhas ou áreas que precisem de melhorias.

Outro ponto crucial que deve ser abordado pelas redes de fast food ao implementar IA é a **escalabilidade dos sistemas**. Embora as soluções de IA possam ser implementadas com sucesso em uma ou duas unidades, garantir que a tecnologia funcione com a mesma eficácia em uma rede com centenas ou milhares de unidades pode ser um desafio complexo. Cada unidade pode ter suas próprias particularidades, como localização, volume de clientes e características operacionais, o que significa que a solução de IA precisa ser flexível o suficiente para se adaptar a essas variáveis. A implementação de um sistema padronizado que, ao mesmo tempo, consiga se adaptar a diferentes cenários e locais é um dos grandes desafios para as redes que desejam expandir o uso da IA de maneira eficaz.

Por fim, a **integração de IA com os sistemas existentes** é um desafio técnico significativo que as redes precisam enfrentar. Muitas redes de fast food já operam com sistemas de ponto de venda (PDV), gestão de inventário e controle de pedidos que foram implementados há muitos anos e que podem não ser compatíveis com as tecnologias mais recentes de IA. Garantir que esses sistemas se integrem de forma harmoniosa é essencial para evitar interrupções nas operações e para maximizar os benefícios da IA. Isso pode envolver a substituição de equipamentos antigos, a adaptação de software ou até mesmo a criação de soluções personalizadas que conectem os sistemas antigos e novos. A complexidade dessa tarefa não deve ser subestimada, pois falhas na integração podem levar a inconsistências nos dados e a problemas operacionais que afetam diretamente a experiência do cliente.

A implementação de IA nas redes de fast food oferece inúmeras oportunidades, mas também apresenta desafios significativos que precisam ser abordados com planejamento, investimento e uma abordagem estratégica. Desde a gestão de custos e a adaptação de funcionários e clientes, até a manutenção contínua, integração de sistemas e conformidade com regulamentações de privacidade, cada um desses aspectos exige atenção e ações específicas para garantir que a tecnologia traga os benefícios esperados sem comprometer a operação. Para que a IA se torne um elemento transformador e positivo nas redes de fast food, é essencial que todas essas considerações sejam levadas em conta e que a implementação seja feita de maneira coordenada, alinhando tecnologia, recursos humanos e estratégias de mercado de forma coesa.

## AÇÃO PRÁTICA

Para superar os desafios e considerar todos os aspectos da implementação de IA nas redes de fast food, é essencial adotar ferramentas que facilitem a integração, monitoramento e gerenciamento de sistemas de IA. A escolha das ferramentas certas pode ajudar a reduzir os custos iniciais, garantir a segurança dos dados, melhorar a adaptação dos funcionários e clientes, e gerenciar a manutenção e a atualização dos sistemas de forma eficiente. Essas plataformas oferecem suporte na automação de processos, monitoramento de conformidade e integração de sistemas, garantindo que a implementação seja bem-sucedida.

Atualmente, diversas ferramentas de IA estão disponíveis para apoiar e gerenciar a implementação de IA em redes de fast food:

**Microsoft Azure Machine Learning**: Oferece uma plataforma flexível para criar e treinar modelos de IA customizados, permitindo que redes de fast food adaptem as soluções às suas necessidades específicas, minimizando os custos iniciais e garantindo uma implementação escalável e segura.

**Google AI Platform**: Uma solução que integra diversas funcionalidades de IA e machine learning para desenvolver, gerenciar e implementar modelos de IA com facilidade. É ideal para redes que buscam criar soluções específicas e garantir a conformidade com as normas de segurança de dados.

**IBM Watson AI Ops**: Utiliza IA para monitorar e gerenciar a infraestrutura de TI das redes, identificando possíveis problemas antes que impactem as operações. A ferramenta é fundamental para a manutenção e a atualização dos sistemas, garantindo que os sistemas de IA operem de forma eficiente e contínua.

**AWS SageMaker**: Parte da Amazon Web Services, essa plataforma facilita o desenvolvimento e a implementação de modelos de machine learning, permitindo que as redes ajustem as funcionalidades e garantam que a integração com sistemas existentes ocorra sem problemas. A ferramenta também ajuda a gerenciar a segurança dos dados e a conformidade com regulamentos.

**Splunk AI**: Oferece uma solução para monitoramento contínuo e análise de grandes volumes de dados operacionais, utilizando IA para detectar anomalias e gerar alertas automáticos. É ideal para redes que buscam monitorar a performance e garantir a adaptação rápida dos sistemas conforme a rede cresce.

**H2O.ai**: Utiliza machine learning para prever padrões e ajustar processos operacionais automaticamente, ajudando as redes a antecipar desafios e otimizar a implementação da IA. A plataforma é altamente personalizável e oferece suporte para treinamento e integração de equipes.

**DataRobot**: Focado em automação de machine learning, DataRobot facilita a criação e implementação de modelos preditivos, ajudando as redes a gerenciar os custos e a complexidade da adoção da IA. A plataforma também inclui funcionalidades para treinamento de funcionários, ajudando na adaptação e no entendimento dos novos sistemas.

**Oracle AI Platform**: Oferece uma infraestrutura robusta para desenvolver e escalar soluções de IA, integrando automação de processos e segurança de dados. É ideal para redes que precisam garantir a consistência operacional e a conformidade com regulamentações ao longo da expansão.

Implemente essas ferramentas para gerenciar e superar os desafios de implementação de IA. Utilize, por exemplo, **Microsoft Azure Machine Learning** ou **Google AI Platform** para criar modelos de IA customizados que atendam às necessidades específicas da rede, minimizando custos e garantindo conformidade com regulamentos. Com **IBM Watson AI Ops** e **AWS SageMaker**, centralize o monitoramento da infraestrutura de TI e gerencie a manutenção dos sistemas, garantindo que as operações permaneçam seguras e eficientes.

Monitore continuamente os sistemas e ajuste os modelos de IA conforme necessário, utilizando as ferramentas para prever possíveis desafios e implementar soluções proativas. Com **Splunk AI** e **H2O.ai**, integre monitoramento contínuo e análise de dados para identificar possíveis falhas antes que afetem a operação, garantindo uma implementação fluida e eficiente. Assegure que os funcionários estejam bem treinados para operar com os novos sistemas, utilizando as funcionalidades de treinamento e integração das ferramentas para maximizar a adaptação e o engajamento.

# Capítulo 15 | Futuro da IA nas Redes de Fast Food

À medida que a **Inteligência Artificial (IA)** avança, o setor de fast food está prestes a experimentar uma revolução ainda mais profunda e transformadora. As tendências emergentes em IA apontam para um futuro onde a automação e a personalização atingem níveis sem precedentes, permitindo que as redes de fast food ofereçam experiências únicas, enquanto otimizam ainda mais suas operações e reduzem custos. O setor se encontra em um momento crucial, onde acompanhar a evolução da tecnologia e se adaptar às mudanças é essencial para garantir a competitividade e a relevância no mercado. As inovações em IA que estão surgindo trazem oportunidades imensas, mas também exigem visão estratégica e preparação para serem incorporadas de maneira eficaz e sustentável.

Uma das tendências emergentes mais promissoras é a utilização de **robôs na cozinha**, capazes de preparar alimentos de forma autônoma e precisa, garantindo padronização e eficiência em grande escala. Esses robôs não são apenas projetados para substituir tarefas repetitivas, mas também para melhorar a qualidade do preparo ao operar com precisão constante, independentemente do volume de pedidos ou do horário de pico. Em um cenário onde a demanda por alimentos rápidos e de alta qualidade é crescente, a capacidade dos robôs de manter uma consistência impecável em cada pedido oferece uma vantagem competitiva significativa. Além disso, ao automatizar processos como fritura, montagem de sanduíches e preparo de massas, as redes conseguem redistribuir a mão de obra humana para tarefas que exigem um toque mais pessoal, como atendimento ao cliente, garantindo que a experiência seja ao mesmo tempo tecnológica e humana.

Outro avanço que começa a ganhar força é a **entrega automatizada por drones**, que promete transformar a forma como as redes de fast food lidam com a logística de entregas. Essa tecnologia é especialmente relevante em áreas urbanas densas, onde o tráfego pode atrasar a chegada dos pedidos e comprometer a experiência do cliente. Com o uso de drones, é possível garantir entregas rápidas, precisas e sustentáveis, pois a tecnologia utiliza rotas aéreas e evita os congestionamentos terrestres. Além disso, os drones podem ser programados para operar em horários específicos, maximizando a eficiência das entregas em momentos de alta demanda. As redes de fast food que exploram essa tecnologia estão buscando não apenas reduzir os custos associados às entregas tradicionais, mas também criar um novo diferencial competitivo que as posicione como líderes em inovação no setor.

À medida que as redes de fast food incorporam essas inovações, é essencial **acompanhar a evolução contínua da tecnologia**. A IA e suas aplicações não são estáticas; elas estão em constante evolução e, para manter a competitividade, as redes precisam estar preparadas para se adaptar a essas mudanças. Isso inclui não apenas a adoção de tecnologias emergentes, mas também a atualização e otimização dos sistemas já existentes, garantindo que a infraestrutura tecnológica da rede esteja sempre preparada para integrar as inovações mais recentes. Por exemplo, à medida que as capacidades dos algoritmos de machine learning se aprimoram, é possível melhorar ainda mais a personalização do atendimento ao cliente e a eficiência das operações, tornando a experiência de compra mais fluida e envolvente.

As redes de fast food que desejam se manter competitivas no futuro devem desenvolver um **roadmap tecnológico** que identifique as tendências emergentes e as oportunidades de inovação que podem ser exploradas nos próximos anos. Esse planejamento estratégico não se resume a simplesmente adotar novas tecnologias, mas a analisar como cada inovação pode ser integrada de forma coesa à operação existente, ampliando a eficiência e maximizando os resultados. O roadmap deve incluir metas claras para testar, adaptar e expandir o uso de tecnologias como robôs de cozinha, drones de entrega e algoritmos avançados de personalização, além de prever as etapas de atualização dos sistemas e a capacitação contínua dos colaboradores para operar em um ambiente cada vez mais automatizado.

No futuro, a capacidade de inovar e de se adaptar rapidamente será a diferença entre as redes que lideram o mercado e aquelas que ficam para trás. As tendências emergentes em IA não apenas oferecem oportunidades para melhorar a operação das unidades, mas também criam novas formas de engajar os clientes e de posicionar a marca como pioneira e relevante. As redes que explorarem essas tecnologias de maneira estratégica e coordenada terão a vantagem de não apenas responder às expectativas dos consumidores modernos, mas também de antecipar suas necessidades, criando um modelo de negócios ágil, sustentável e capaz de se transformar continuamente.

## Considerações Finais do Autor

O setor de fast food é, sem dúvida, um dos mais dinâmicos e desafiadores, onde a inovação e a eficiência andam de mãos dadas para atender às crescentes expectativas dos consumidores. A **Inteligência Artificial (IA)** emerge como uma força transformadora nesse contexto, possibilitando não apenas a automação de processos, mas também a personalização do atendimento, a gestão inteligente de recursos e a criação de um modelo de negócio escalável e sustentável.

Ao longo dos capítulos deste livro, exploramos em detalhes como a IA pode ser aplicada em diversas áreas críticas das redes de fast food: desde o atendimento ao cliente até a logística e a eficiência energética. A jornada de implementação de IA exige um planejamento estratégico e detalhado, considerando tanto os benefícios quanto os desafios associados ao uso de tecnologia avançada. Investir em IA significa mais do que apenas modernizar sistemas; é abraçar uma visão de futuro onde a tecnologia e a experiência humana se unem para criar um serviço mais ágil, preciso e conectado.

Cada capítulo foi projetado para não apenas explorar as possibilidades e benefícios da IA, mas também para oferecer **ações práticas** que possibilitem uma aplicação direta e efetiva das tecnologias discutidas. Em um ambiente tão competitivo e em constante evolução como o de fast food, a capacidade de adaptação e inovação é fundamental. A IA oferece essa adaptabilidade, mas é importante que as redes utilizem essa tecnologia de maneira estratégica, com foco em resolver problemas reais e melhorar a experiência do cliente.

A implementação de IA em redes de fast food não é um processo sem desafios. A complexidade técnica, os custos iniciais e a necessidade de integração com sistemas e práticas existentes exigem uma abordagem cuidadosa e estruturada. No entanto, para cada desafio, a tecnologia também oferece soluções. Ferramentas e plataformas de IA estão evoluindo rapidamente, e as redes que se posicionarem como líderes em inovação certamente terão uma vantagem competitiva no mercado.

Também é importante destacar a **responsabilidade social e ambiental** que vem com a adoção de tecnologia. À medida que a IA facilita a gestão de recursos e a eficiência energética, ela também abre caminho para que as redes de fast food alinhem suas operações aos princípios de ESG, adotando práticas mais sustentáveis e responsáveis. Esse compromisso é essencial não apenas para o futuro do negócio, mas também para garantir que essas redes operem de maneira ética e contribuam positivamente para a sociedade e o meio ambiente.

Em última análise, o objetivo deste livro foi fornecer um guia completo e prático sobre como a **Inteligência Artificial** pode revolucionar o setor de fast food. A integração de IA em operações, marketing, gestão de equipes e recursos, e a eficiência energética e logística não apenas possibilita uma melhoria significativa na operação das unidades, mas também prepara as redes para o futuro, permitindo que cresçam de forma sustentável e alinhada às necessidades e expectativas dos consumidores modernos.

A jornada de transformação digital nunca termina; é um processo contínuo de adaptação, aprendizado e inovação. Ao adotar IA com uma visão clara e estratégica, as redes de fast food estão não apenas melhorando suas operações hoje, mas também se preparando para enfrentar os desafios e aproveitar as oportunidades que o futuro trará. Como autor, espero que este livro inspire franqueadores e franqueados a embarcarem nessa jornada com confiança, aproveitando o poder da IA para transformar seu negócio e impactar positivamente o setor como um todo.

*O futuro pertence a quem ousa inovar e
transformar ideias em ação*

# Glossário

**Análise de Sentimento**: Tecnologia que utiliza IA para analisar textos, comentários ou interações com clientes e identificar emoções ou opiniões, permitindo que as redes de fast food respondam proativamente e ajustem suas operações com base no feedback recebido.

**Análise Preditiva**: Uso de IA para analisar dados históricos e identificar padrões que ajudam a prever eventos futuros, como picos de demanda ou escassez de estoque. As redes de fast food utilizam a análise preditiva para planejar melhor suas operações e otimizar recursos.

**API (Interface de Programação de Aplicações)**: Um conjunto de protocolos e ferramentas que permitem que diferentes aplicações de software se comuniquem entre si. As APIs são essenciais para integrar sistemas de IA com plataformas existentes, como sistemas de CRM e ERP, permitindo operações fluídas e conectadas.

**Automação**: O uso de tecnologia para executar tarefas sem intervenção humana. No contexto de IA em fast food, a automação pode se referir ao uso de robôs para cozinhar ou sistemas para processar pedidos e pagamentos de forma automática.

**Automação de Marketing**: Tecnologia que utiliza IA para automatizar e personalizar campanhas de marketing em diversos canais, adaptando promoções e mensagens de acordo com o comportamento e as preferências dos clientes.

**Cadeia de Suprimentos Inteligente**: Uso de IA para otimizar e automatizar processos da cadeia de suprimentos, como controle de estoque e logística. As redes de fast food implementam cadeias de suprimentos inteligentes para garantir que todos os produtos estejam disponíveis de maneira eficiente e sustentável.

**Chatbot**: Programa de computador que utiliza IA para simular conversas com usuários humanos, respondendo a perguntas e executando ações de forma automatizada. Chatbots são amplamente utilizados para atendimento ao cliente e processamento de pedidos em redes de fast food.

**CRM (Customer Relationship Management)**: Sistema de gestão de relacionamento com clientes que coleta e analisa dados para melhorar as interações e a fidelização. A integração de IA em CRMs permite personalizar e automatizar as comunicações e o atendimento ao cliente.

**ERP (Enterprise Resource Planning)**: Sistema de gestão empresarial que integra e automatiza processos operacionais, como controle de estoque, finanças e gestão de pessoal. A IA integrada a sistemas ERP otimiza esses processos com base em análises preditivas.

**ESG (Environmental, Social, and Governance)**: Práticas que garantem a responsabilidade ambiental, social e de governança de uma empresa. A implementação de IA permite que as redes de fast food monitorem e melhorem suas operações para alinhar-se aos princípios ESG.

**IA (Inteligência Artificial)**: Tecnologia que permite que máquinas aprendam e tomem decisões com base em dados. A IA é aplicada em várias áreas das redes de fast food, como automação de atendimento, previsão de demanda e eficiência energética.

**KPI (Key Performance Indicator)**: Indicadores-chave de desempenho usados para medir o sucesso de uma operação ou processo. Com a ajuda da IA, é possível monitorar KPIs em tempo real, ajustando operações para atingir metas de desempenho.

**Machine Learning (Aprendizado de Máquina)**: Um ramo da IA que usa algoritmos para que sistemas aprendam e melhorem automaticamente com a experiência, sem serem explicitamente programados para tal. Essa tecnologia é usada para prever padrões de consumo e otimizar processos operacionais.

**Microlearning**: Método de ensino que divide o conteúdo em pequenos módulos ou segmentos, facilitando a absorção de informações. Ferramentas de microlearning com IA são usadas para treinar e reciclar franqueados, personalizando o aprendizado de acordo com as necessidades específicas.

**NLP (Natural Language Processing)**: Processamento de Linguagem Natural é uma subárea da IA que permite que máquinas compreendam e respondam à linguagem humana. É usado em chatbots e assistentes virtuais para melhorar a interação com os clientes.

**Omnichannel (Multicanal)**: Estratégia de integração que conecta todos os canais de comunicação e pontos de venda de uma rede, como apps, websites e unidades físicas, para garantir uma experiência de cliente contínua e personalizada. A IA ajuda a integrar e automatizar essas interações, otimizando a jornada do cliente.

**Robôs de Cozinha**: Dispositivos automatizados que utilizam IA para preparar alimentos de forma padronizada e eficiente, garantindo consistência e qualidade nos pedidos. Eles são parte das inovações que buscam otimizar a operação das redes de fast food.

**RPA (Robotic Process Automation)**: Tecnologia que automatiza tarefas repetitivas e operacionais utilizando softwares robóticos. O RPA é amplamente utilizado em redes de fast food para automação de processos como gestão de estoque e atendimento ao cliente.

**Sistemas de Roteirização**: Ferramentas que utilizam IA para otimizar rotas de entrega, considerando fatores como trânsito e clima. São essenciais para garantir entregas rápidas e eficientes, reduzindo custos operacionais.

**Sistemas Integrados de Gestão Ambiental**: Soluções de IA que monitoram o consumo de energia e outros recursos, ajustando automaticamente os níveis de uso para garantir operações sustentáveis e alinhadas com os princípios de ESG.

www.ingramcontent.com/pod-product-compliance
Lightning Source LLC
Chambersburg PA
CBHW050317230526
45471CB00005B/2234